JOHN SWOL

Copyright © 1998
Edited and published by Robert B. Pile
Cover design by Del Erickson

"Twins Trivia" by John Swol. All rights reserved. No part of this publication may be reproduced in any form without permission from the publisher, or the author.
Robert B. Pile, P.O. Box 24565, Minneapolis, MN 55424
John J. Swol, 17635 3rd Ave. North, Plymouth, MN 55447

Printed in the United States of America

Every reasonable effort has been made to give reliable data and information, but the author and the publisher cannot assume responsibility for the validity of all materials or for the consequences of their use.

A NOTE FROM THE AUTHOR

I have had a wonderful time putting this book together and although it has been a great deal of work, I have enjoyed every minute of it. I enjoy baseball very much and have been a Twins fan since their inception in 1961. I can't tell you how many Twins games that I have either attended, watched on TV, or listened to on WCCO radio.

What a sad day it will be for all of Minnesota should the team choose to leave. I can't imagine Spring, Summer, and Fall with no Twins games on the radio. No Twins box score to look at in the morning newspaper. No complaining the morning after a controversial call by the umpire. I can assure you that we will all be sorry if the Twins leave Minnesota. But enough of that, take your family to the ballpark and enjoy a Twins game.

I would like to take this opportunity to thank my wife Jackie for all her help and support with this book. She has always been there for me and has encouraged me to publish this book even when I had second thoughts. Without her encouragement and help, this book would not have been possible. Thank you, dear!

My son Jason has also been a big help and deserves a thank you too. There were many days when I asked him to give up the PC so that I could do a little more work on this book. He doesn't know it yet, but there is even more work in store for him in the very near future.

Finally, I would like to thank Bob Pile for all his help, guidance, and support. Bob showed me the way to publish a book and with his many contacts and friends, helped me get the book from an idea stage to book form in just a couple of months. Thanks Bob!

THOUGHTS FROM THE PUBLISHER

In my work as a book-writing consultant, I see lots of manuscripts. Once in a while, I see a manuscript that has so much promise, it's easy to see it in finished form, and selling at a brisk rate.

The manuscript John Swol brought to me just seven weeks ago is such a piece of writing. The knowledge and depth of feeling he brought to the task is mind-boggling. The research he has done to produce this book just blew me away. I *had* to help him finish it and get it on the market.

It helps that I am a sports fan. My feelings for the Minnesota Twins go back to before 1961. When it was announced that the then Washington Senators would be coming to Minnesota, I was deeply involved with the Hamm Brewing Company, as the account group head at Campbell-Mithun handling the Hamm's account. Hamm's, as most fans know, had bought the radio and TV rights to the Twins. So I saw the Twins in two ways, one from the view of a guy who loved baseball and from the position of someone with responsibilities both to my agency and to my client.

I watched the Twins when they were young and struggling, and when they matured and achieved World Series greatness. In the early days of the Twins arrival, I got to know Ray Scott (who became a close friend) and I came to know Herb Carneal. Of course, I had always known Halsey Hall, the onion-eating color man who knew baseball from bottom to top and front to back.

I am saddened by the real possibility that we will lose the Twins. And am disgusted with the point of view of our Legislature. When I met John Swol and saw his work, I knew that whether the Twins leave this area or not, this book had to be made available to lovers of baseball and the Twins.

So, John Swol and I have worked like crazy to get this book out. I hope you will feel it's worth the effort.

Robert B. Pile

March, 1998

CONTENTS

FOREWORD VII

THE 1960'S - THE EARLY YEARS 1

THE 1970'S - THE FLOUNDERING YEARS .. 17

THE 1980'S - FINALLY, A CHAMPIONSHIP . 27

THE 1990'S - CURRENT TIMES 39

1961–1997 - POTPOURRI 51

PLAYER STATISTICS 65

Metropolitan Stadium

The Metrodome

FOREWORD

BY HERB CARNEAL
MINNESOTA TWINS
HALL-OF-FAME SPORTSCASTER

How many games did the Twins win in 1981? Answer; 41. That year, the player's strike wiped out much of the season. That's just one of more than 500 Twins Trivia questions compiled in this book by John Swol.

It's a book that offers a wealth of Twins information, and, in addition to the questions themselves, John provides you with a ton of individual statistics of players from 1961 right on through the 1997 season.

If you're a Twins fan, this book should afford you a great deal of enjoyment. And even if you're not a dedicated follower of the Club, I feel sure you will find much that will interest you in the pages that follow.

Zoilo Versalles

THE 1960'S

THE EARLY YEARS

1. Who is the first player to bat as a Twin in a regular season game?

2. Who pitched the first no-hitter in Twins history and who was the opposing team?

3. Who were the winning and losing pitchers in the 1965 All Star game held at Metropolitan Stadium and what teams did they pitch for?

4. In what city was Metropolitan Stadium situated?

5. Who is the only Twins pitcher to ever hit a home run in a World Series game?

6. Who made up the Twins WCCO radio announcing team in their inaugural 1961 season?

7. What Twins player had a 24 game hitting streak in 1961 and what position did he play?

8. The Twins hit only one home run in the 1969 ALCS. Who hit that home run?

9. Where did the Twins open the season on April 11, 1961 for their first ever regular season game?

10. What beer company sponsored the Twins for many years starting in the 60's?

11. Who is the only pitcher with a Twins career ERA of under 3.00?

12. Who was the American League MVP in 1965 and what position did he play?

13. What Twins relief pitcher lead the American League in saves in 1969 and again 1970?

14. Who holds the Twins record for the most free passes to 1B in a single season with 145?

15. Who was the Twins opening day second baseman in 1965 when they opened their season against the Yankees?

16. What manager finished first in his only season at the helm of the Twins and in which season did this happen?

17. What Twins player tied a major league record when he "whiffed" five times in a regulation nine inning game?

18. Harmon Killebrew started at which position in the Twins season opener in 1961?

19. Who was the Twins starting pitcher in their 1969 season opener?

20. Who is the only Twins player other than Harmon Killebrew, to hit more then 34 home runs in a single season?

21. Who was the Twins first trainer?

22. Which Twin had the most RBI's in the 1965 World Series?

23. Who hit the first ever Twins pinch hit grand slam home run?

24. Who were the three defensive players involved in the first ever Twins triple play in 1966 against California?

25. Name the five players that hit home runs in the 1965 All Star game held at Met Stadium.

26. What is the most home runs that the Twins have hit in a single game?

27. What Twins player tied a World Series record by getting two hits in one inning in game one of the 1965 World Series?

28. Who was the Twins losing pitcher on October 1, 1967 when they lost the game and the 1967 pennant to the Boston Red Sox?

THE 1960'S - THE EARLY YEARS

29. Who led the Twins in hitting in their inaugural 1961 season with an average of .302?

30. What was "Billy" Martin's real first name?

31. What two Twins hit grand slam home runs in the first inning of a 14-3 blow out of the Cleveland Indians on July 18, 1962?

32. What is the most road games that the Twins have ever won in a single regular season?

33. In 1965 the Twins beat this team 17 times and lost once. Who were these patsies?

34. Who was the Twins manager on opening day in 1961?

35. To whom did the Twins lose the 1969 ALCS?

36. What left-hander holds the Twins record for most innings pitched in a single game and how many innings did he pitch?

37. Who managed the Twins to their 1965 pennant?

38. Who holds the Twins record for the longest hitless streak?

39. Name the Twins starting outfielders on opening day 1961.

40. The longest home run ever hit by a Twins player was estimated at 520 feet. Harmon Killebrew hit this "long ball" on June 3, 1967 at Metropolitan Stadium. Who was the opposing pitcher?

41. The Twins once hit 225 home runs in a single season. What year did this occur?

42. What is the most doubleheaders that the Twins have ever played in a single season?

43. When Jack Kralick pitched a no hitter on August 26, 1962 against Kansas City, he came within 2 outs of a perfect game before he walked a pinch-hitter. What was this pinch-hitter's name?

44. Name the winning and losing pitchers for game seven of the 1965 World Series.

THE 1960'S - THE EARLY YEARS

45. Who won the first ever "Twins Outstanding Rookie" award presented by the Twin City baseball writers in 1962?
46. What pitcher holds the Twins record for most consecutive strikeouts with seven?
47. Who was the first Twin to get five hits in one game?
48. Who hit the sinking line drive to left field in the fourth inning of game two of the 1965 World Series in which Bob Allison snared the ball and slid across the foul line to make one of the greatest catches in Twins and World Series history?
49. Who pinch hit a grand slam home run on August 3, 1969 to lead the Twins to victory and pin the first defeat on Dave McNally after his 15-0 start?
50. Who hit the Twins first ever inside the park home run at Metropolitan stadium?
51. Who was the Twins youngest position player to ever appear in a game?
52. What Twins manager was also the opening day second baseman in the 1961 season opener?
53. On June 9, 1966 the Twins hit 5 home runs in the seventh inning against the Kansas City A's at Metropolitan Stadium. Name the five Twins players that hit these home runs?
54. What Twins player was known as "Mr. America"?
55. Name the two native Minnesotans on the 1961 Twins team.
56. Who holds the Twins record for most RBI's as a rookie with 96?
57. Who was the Twins opening day third baseman in 1963?
58. Camilo Pascual was best known for what kind of pitch?
59. Who was the winning pitcher in the Twins 1961 season opener? Who did they play and what was the score in the game?
60. Name the winning and losing pitchers for game one of the 1965 World Series.

THE 1960'S - THE EARLY YEARS

61. Did the Twins have a winning or losing record in their first ever exhibition season in 1961?
62. The Twins played their inaugural game at Metropolitan Stadium on April 21, 1961 against which team?
63. The Twins have had only one player under the age of 19 appear in a game. Can you name him?
64. Who was the first Twins player to hit a home run at Metropolitan Stadium?
65. What Twins player holds the American League record for most regular season games played in one year and how many games did he play in?
66. What was Jim Grant's nickname?
67. What two years did the Minnesota Twins lead the major leagues in home runs with 225 and 221 respectively?
68. What Twins pitcher once hurled two no-hitters (one was only a 5 inning effort) in a single season?
69. What Twin won the American League MVP award in 1969?
70. In the Twins first ever trade, they acquired Bill Tuttle from the Kansas City A's in exchange for Reno Bertoia and this well known Twin City personality. Who was this player and what position did he play?
71. What member of the Twins organization was the winning pitcher for the University of Minnesota in the deciding game of the 1960 College World Series?
72. Who had the first stolen base in Twins history?
73. Who holds the Twins single season slugging percentage record at .606?
74. Who is the only Twins position player to be a starting pitcher in Twins history and what Hall of Famer did this Twins player strike out?
75. How many Twins did Sandy Koufax strikeout in the 1965 World Series?

THE 1960'S - THE EARLY YEARS

76. Who holds the Twins single season home run record and how many did he hit?

77. Who batted clean-up in the first ever Twins game against the Yankees in 1961?

78. What Twins 1B won 2 Gold Glove awards?

79. Who is the only Twins pitcher to lead the American League in strikeouts?

80. Who holds the Twins single season RBI record and how many did he have that year?

81. What Twins pitcher pitched the first one hitter in Twins history?

82. What radio station has been the Twins flagship station since 1961?

83. Who committed the first error in Twins history?

84. In 1966 the Twins traded Bernie Allen and Camilo Pascual to Washington. Who did they get in return?

85. Who holds the Twins record for most consecutive games played with 249?

86. Who was nicknamed "Shorty"?

87. What Minnesota native Twins pitcher allowed 3 hits and walked one without retiring a single batter in his only appearance in a major league game?

88. Who holds the Twins single season pitching record for most wins and how many games did he win that year?

89. Who was the Twins left fielder on opening day 1969?

90. What Twins player holds the American League record for most home runs as a rookie with 33?

91. The Twins have led the major leagues in RBI's only once. In what year did this occur?

92. Who was the MVP of the 1965 All Star game?

93. What was the name of the team before it became the Minnesota Twins?

94. What is the Twins single season record for consecutive complete games and who holds that record?

95. What Twins catcher once stole home?

96. What team did Herb Carneal serve as a play-by-play announcer for before he was hired by the Twins?

97. In a big trade in 1967 the Twins acquired Bob Miller, Ron Perranoski and John Roseboro from the Dodgers. Who did the Twins give up in this trade?

98. What pitcher holds the Twins record for most losses in a single season and how many games did he lose?

99. How many times did the Twins have a pitcher that won 20 or more games in a season in the 1960's?

100. Who was the Twins catcher in their 1965 season opener?

101. Who had the very first Twins hit and what Yankee pitcher was the victim?

102. What Twin led the American League with 99 runs scored in 1963?

103. When Dean Chance pitched for the Angels before he was acquired by the Twins, he and another Angel pitcher had a playboy reputation. Who was that other California pitcher?

104. Who was the first Twins pitcher to have back-to-back 20 win seasons and what years did he accomplish this feat?

105. What one time Twins player once pinch hit for Ted Williams, Roger Maris and Carl Yastrzemski? This same player also played in the NFL with the San Francisco 49'ers.

106. Who hit the first home run in Twins history?

107. Against which team did the Twins clinch the 1969 Western Division pennant?

108. The most home games that the Twins have ever won in a single season is 57. When did this happen?

109. What Twins pitcher was KO'd by manager Billy Martin in a skirmish outside of the Lindell Athletic Club in Detroit?

THE 1960'S - THE EARLY YEARS

110. What Twins infielder started the first Twins double play?

111. Who hit the first Twins grand slam home run at Metropolitan Stadium?

112. What is the Twins individual single season record for most extra base hits and who holds that record?

113. Did the Twins win or lose their first ever home opener at Metropolitan stadium?

114. What one time Twins pitcher led the American League in losses for a record four consecutive years?

115. Who led the Twins with 10 pinch hits in 1965?

116. What Twins pitcher led the American League with 17 saves in 1968?

117. The Twins have had two 20 game winners on their pitching staff in the same season only once in their history. When did this occur and who were the 20 game winners?

118. Who were the Twins playing when they clinched the 1965 pennant on September 26, 1965?

119. What one time Twins infielder was called "Slim"?

120. The first place Twins had a chance to clinch the pennant in a season ending series in 1967 but lost both games. Which team went on to the 1967 World Series instead of our Minnesota Twins?

121. I pitched back to back shutouts on three separate occasions during one season for the Twins. Who am I and in what year did I accomplish this difficult task?

122. Who was the winning pitcher for the Washington Senators when they beat the Twins in the first ever Twins home opener on April 21, 1961?

123. Who was the first Twins player to hit a home run in an All Star game and who was the unfortunate victim that day?

124. Why did Sandy Koufax not start Game 1 of the 1965 World Series against the Twins?

125. Who was the Twins first pitching coach back in 1961?

THE 1960'S - THE EARLY YEARS

126. What Twins player was a teammate of Minnesota Gophers coach Dick Siebert with The Philadelphia Athletics in 1940 to 1943?

127. What is the exact date that the Twins played their first game at Metropolitan Stadium and what was the temperature when the game started?

128. When the Twins first moved to Minnesota, what TV station carried their games?

129. What was the most and least expensive ticket prices for a Twins game in 1961?

130. What Twins player set an All Star game record when he got caught stealing twice in the same game?

131. What Twins pitcher won two games in the 1965 World Series?

THE 1960'S - THE EARLY YEARS

1. Zoilo Versalles
2. Jack Kralick against the Kansas City A's on August 26, 1962
3. The winning pitcher was Sandy Koufax of the Los Angeles Dodgers

   The losing pitcher was Sudden Sam McDowell of the Cleveland Indians
4. Bloomington
5. Jim "Mudcat" Grant
6. Ray Scott, Bob Wolff and Halsey Hall
7. Lenny Green and he played in center field
8. Tony Oliva
9. New York's Yankee Stadium
10. Hamm's Beer
11. Dean Chance with an ERA of 2.67
12. Zoilo Versalles played shortstop
13. Ron Perranoski
14. Harmon Killebrew
15. Jerry Kindall
16. Billy Martin in 1969
17. Bob Allison
18. First base
19. Tommy Hall
20. Bob Allison
21. George "Doc" Lentz
22. Zoilo Versalles
23. Julio Becquer in 1961 against the White Sox
24. Rich Rollins, Cesar Tovar, and Harmon Killebrew

THE 1960'S - THE EARLY YEARS

25. Willie Mays, Joe Torre, Willie Stargell, Dick McAuliffe and Harmon Killebrew

26. The Twins hit 8 home runs against Washington in 1963

27. Frank Quilici

28. Dean Chance

29. Earl Battey

30. Alfred

31. Bob Allison and Harmon Killebrew

32. The 1965 Twins won 51(losing only 30) games on the road. Real road warriors!

33. The Boston Red Sox

34. Cookie Lavagetto

35. Baltimore Orioles

36. Jim Merritt pitched 13 innings against the Yankees on July 26, 1967

37. Sam Mele

38. Dean Chance - 53 at bats. That's a long time without a hit!

39. Jim Lemon in LF, Lenny Green in CF, and Bob Allison in RF

40. Lew Burdette

41. The year was 1963

42. In 1961 the Twins participated in 20 double headers

43. George Alusik

44. Sandy Koufax won the game for the Dodgers and Jim Kaat lost the game for the Twins

45. Bernie Allen

46. Jim Merritt in 1966

47. Zoilo Versalles on May 27, 1961

48. Jim Lefebvre

THE 1960'S - THE EARLY YEARS

49. Rich Reese

50. Harmon Killebrew

51. Paul Ratliff as a catcher at the age of 19

52. Billy Gardner

53. Rich Rollins, Zoilo Versalles, Tony Oliva, Don Mincher, and Harmon Killebrew. What an inning!

54. Bob Allison

55. Paul Giel and Fred Bruckbauer, both RHP

56. Rich Rollins in 1962

57. George Banks

58. The curve ball

59. Pedro Ramos beat the New York Yankees 6 to 0

60. Jim "Mudcat" Grant won the game for the Twins and Don Drysdale lost the game for the Dodgers

61. Winning. Their first spring training ended with a 15-14 record

62. Washington Senators

63. Jim Manning in 1962 as a pitcher

64. Don Mincher

65. Cesar Tovar with 164 regular season games in 1967

66. Mudcat

67. In 1963 and 1964

68. Dean Chance in 1967

69. Harmon Killebrew

70. Paul Giel and he was a RHP

71. Jim Rantz

72. Zoilo Versalles

73. Harmon Killebrew in 1961

THE 1960'S - THE EARLY YEARS

74. Cesar Tovar and he struck out Reggie Jackson

75. The Twins went down swinging 29 times

76. Harmon Killebrew with 49 in 1964 and again in 1969

77. Jim Lemon

78. Vic Power in 1962 and 1963

79. Camilo Pascual in 1961, 1962 and 1963

80. Harmon Killebrew had 140 RBI's in 1969

81. Gerry Arrigo

82. WCCO-AM at 830 on the dial

83. Jim Lemon

84. Ron Kline

85. Harmon Killebrew

86. Bill Pleis

87. Fred Bruckbauer

88. Jim Kaat with 25 victories in 1966

89. Graig Nettles

90. Jimmie Hall

91. In 1963

92. Juan Marichal

93. Washington Senators

94. Camilo Pascual with 8

95. John Roseboro

96. The Baltimore Orioles

97. Jim "Mudcat" Grant and Zoilo Versalles

98. Pedro Ramos tasted defeat 20 times in 1961

99. Twins pitchers won 20 or more games 7 times in the 1960's

100. Jerry Zimmerman

THE 1960'S - THE EARLY YEARS

101. Harmon Killebrew singled off of Whitey Ford in the fourth inning

102. Bob Allison

103. Bo Belinsky

104. Camilo Pascual in 1962 and 1963

105. Carroll Hardy

106. Bob Allison

107. Seattle Pilots in Seattle

108. In 1969

109. Dave Boswell

110. Reno Bertoia

111. Dan Dobbek on May 19, 1961 against Kansas City

112. Tony Oliva with 84

113. They lost to the Washington Senators 5 to 3

114. Pedro Ramos in 1958-1961

115. Sandy Valdespino

116. Al Worthington

117. In 1969 Dave Boswell and Jim Perry each won 20 games

118. The Washington Senators

119. Jerry Kindall

120. The Boston Red Sox

121. Camilo Pascual in 1961

122. Joe McClain

123. Harmon Killebrew homered off Mike McCormick in the 1961 All Star game in San Francisco

124. Sandy Koufax did not start game 1 of he 1965 World Series because it fell on Yom Kippur which is the holiest day of the Jewish year

14   THE 1960'S - THE EARLY YEARS

125. Eddie Lopat

126. Elmer Valo

127. April 21, 1961 and the temperature was 63 when the game began

128. WTCN

129. The most expensive seat set you back $3.00 and the least expensive seat cost $1.50.

130. Tony Oliva was caught twice in the 1967 All Star game

131. Jim "Mudcat" Grant

Harmon Killebrew

16   THE 1970'S - THE FLOUNDERING YEARS

THE 1970'S

THE FLOUNDERING YEARS

1. Who holds the Twins record for most innings pitched in a single season with 325?

2. What Twins shortstop was a freshman basketball teammate of Bill Walton at UCLA?

3. What pitcher gave up Tom Kelly's first big league hit on May 19, 1975 and what team was he pitching for?

4. The Twins record for games started by a rookie pitcher is 37. What two players share this record?

5. What Twins pitcher holds the Twins single season record for most walks given up with 127?

6. Who led the Twins in home runs in 1978 and again in 1979 with 19 and 24 respectively?

7. Who is the most recent player to hit three home runs in a single game while wearing a Twins uniform?

8. What pitcher and what team gave up Tom Kelly's one and only major league home run?

9. Who did the Twins lose to the Seattle Pilots in the 1976 expansion draft?

10. Who is the only Twins rookie pitcher to throw for over 250 innings in his rookie season?

11. Back in the late 1970's there was a Twins commercial in which Cal Griffith said "I love that Kid". Who was he referring to?

12. Who once appeared in 90 games as a Twins pitcher in a single season?

13. The Twins traded Jim Perry to the Tigers in 1973. Who did they receive in that trade?

14. What is the Twins single season record for triples and who holds that record?

15. Who was traded to Texas along with Bert Blyleven in the trade in which the Twins acquired Mike Cubbage, Jim Gideon, Bill Singer and Roy Smalley?

16. Who holds the Twins record for most stolen bases in a game with four?

17. What 1967 Red Sox pitcher became the youngest pitcher to hurl in a World Series game at the age of 19. This same player later pitched for the Twins.

18. Name the Twins starting infielders and the positions they played in the 1970 season opener.

19. What Twins pitcher had the most strikeouts in his rookie season?

20. What Twins pitcher was known as the "Iron Mike"?

21. Name the only two Twins to hit for the cycle at Metropolitan Stadium?

22. Kent Hrbek graduated from what Minnesota high school in 1978?

23. Who was the first Twins player to hit for the cycle?

24. What Twins player holds the honor of hitting the first ever home run by a designated hitter and what pitcher gave up that long blast?

25. Who did the Twins get in trade when they sent Rod Carew to California in 1979?

26. What is the fewest home runs that a Twins pitching staff has given up in a season?

27. Kent Hrbek was drafted in what round in 1978?

28. Mike Marshall led the American League in saves in 1979. How many saves did he have?

29. I hold the Twins record for most walks received by a rookie with 79. Who am I and what position did I play?

30. Who was the only other Twins batter besides Harmon Killebrew to hit a home run into the upper deck at Metropolitan Stadium?

31. Bert Blyleven was best known for which pitch?

32. What player holds the Twins highest single season fielding average for a catcher with .997?

33. Rod Carew holds the Twins individual season batting average record with an average of .388. What year did Rod accomplish this feat?

34. Who was the first Twins pitcher to win a Cy Young award and what year did he win it in?

35. Who was nicknamed "Disco Dan"?

36. I hold the Twins single season record for most hits with 239. Who am I and what year did I set this record?

37. What Twins position player has suffered through the longest hitless streak?

38. The Twins clinched the 1970 Western Division pennant against which team on September 22, 1970?

39. What player holds the Twins highest single season fielding average for a shortstop with .985?

40. What player set a Twins single season record when he walked back to the dugout 145 times after a strike out?

41. What three Twins pitchers lost games in the 1970 ALCS?

42. Who led the Twins in hitting with an average of .305 in 1979?

43. What Twins pitcher led the American League in appearances in 1976 with 78?

44. What is the fewest home runs that the Twins have hit in a single season and when did it occur?

THE 1970'S - THE FLOUNDERING YEARS

45. Which Minnesota Twin was the 1977 American League MVP?

46. Dave Winfield was drafted in three different sports. Name each sport and the team that drafted him.

47. Twins closer Bill Campbell had a great season in 1976. How many wins did he have that year?

48. What Twins pitcher set a Twins single season record when he picked off 14 base runners in 1979?

49. Name the Twins starting outfielders for their 1970 season opener in Chicago.

50. What team signed Harmon Killebrew after he left the Twins in 1974 as a free agent?

51. The book "E-6 The Diary of a Major League Shortstop" was a book about which Twins player?

52. Name the four Twins pitchers that won 20 or more games in a season in the 1970's.

53. How many shutouts did Bert Blyleven throw in 1973 when he set the Twins single season record?

54. What Twins first baseman batted cleanup in the Twins 1974 opener against Kansas City?

55. Who is the only pitcher to hit a home run for the Twins in his first major league game?

56. The Twins lead the major leagues in hitting in 1977. What was their team batting average?

57. Jim Hughes set the Twins rookie record for most wins in 1975. How many games did Jim win?

58. Which team beat the Twins in the 1970 ALCS three games to none?

59. In his last at bat as a Minnesota Twin on October 2, 1974, Harmon Killebrew did what?

60. Billy Martin managed the Twins in their 1970 Championship Series. Name the four other teams that he managed in a Championship Series.

THE 1970'S - THE FLOUNDERING YEARS

61. What rare feat did Rod Carew accomplish in 1972?
62. Who holds the Twins best single season fielding percentage for a pitcher?
63. What Twins pitcher led the team in strikeouts in 1970?
64. In 1978 the Twins traded for Jerry Koosman of the Mets. Who went to New York in that trade?
65. What Twins player led the American League with 204 hits in 1971?
66. What Twins player was nicknamed "Soup"?
67. Twins batting coach Terry Crowley hit his first major league home run in a 1970 game against the Twins. What pitcher gave up that home run?
68. What was the area of the Twins scoreboard called that displayed Twins data and messages?
69. What pitcher out of Arizona State was signed to a big bonus and went directly from college ball to the Twins?
70. What is Bert Blyleven's "real first name?
71. Who was the last of the original 1961 Twins players to leave the team?
72. What Twins player was a cousin of HOF George "Highpockets" Kelly?
73. What Twins catcher was selected for the All Star game in his rookie season?
74. What pitcher gave up home run number 500 to Harmon Killebrew at Met Stadium on August 10, 1971?

1. Bert Blyleven
2. Luis Gomez
3. Joe Coleman of the Detroit Tigers
4. Paul Thormodsgard in 1977 and Roger Erickson in 1978
5. Jim Hughes
6. Roy Smalley
7. Tony Oliva
8. Vern Ruhle as a Detroit Tiger on May 26, 1975
9. Steve Braun
10. Roger Erickson - 266 innings in 1978
11. Butch Wynegar
12. Mike Marshall
13. Danny Fife
14. Rod Carew with 16
15. Danny Thompson
16. Larry Hisle
17. Ken Brett
18. Rich Reese at 1B, Rod Carew at 2B, Leo Cardenas at SS and Harmon Killebrew at 3B
19. Bert Blyleven had 135 KO's
20. Mike Marshall
21. Cesar Tovar in 1972 and Mike Cubbage in 1978
22. Bloomington Kennedy High School
23. Rod Carew on May 20, 1970
24. Tony Oliva hit the first ever round tripper as a DH off Catfish Hunter of the Oakland A's
25. Dave Engle, Paul Hartzell, Brad Havens, and Ken Landreaux

22   THE 1970'S - THE FLOUNDERING YEARS

26. In 1976 they only gave up 89 home runs
27. Seventeenth round, can you believe that?
28. Thirty two saves
29. Butch Wynegar in 1976 as a catcher
30. Bobby Darwin in 1974
31. The curve ball
32. Glenn Borgmann
33. In 1977
34. Jim Perry received the award in 1970
35. Dan Ford
36. Rod Carew in 1977
37. Butch Wynegar with 39 at bats. That was a big league slump!!!!
38. Oakland A's in Oakland
39. Leo Cardenas
40. Bobby Darwin in 1972
41. Jim Perry, Tommy Hall, and Jim Kaat
42. Ken Landreaux
43. Bill Campbell
44. In 1976 the Twins hit only 81 home runs
45. Rod Carew
46. Baseball - San Diego
    Football - Minnesota
    Basketball - Atlanta (NBA)
    Basketball - Utah (ABA)
47. His record was 17-5 with an ERA of 3.00 to go along with his 20 saves
48. Jerry Koosman

THE 1970'S - THE FLOUNDERING YEARS

49. Brant Alyea in left
    Cesar Tovar in center
    Tony Oliva in right

50. Kansas City Royals

51. Danny Thompson

52. Jim Perry, Bert Blyleven, Dave Goltz and Jerry Koosman

53. Nine

54. Joe Lis

55. Hal Haydel

56. The Twins batted a robust .282

57. Jim won 16 games as a rookie

58. Baltimore Orioles

59. Like mighty Casey, he struck out

60. The 1972 Tigers
    The 1976 Yankees
    The 1977 Yankees
    The 1981 A's

61. Rod won the AL batting title without hitting a home run

62. Jim Perry with 1.000% in 1971

63. Tommy Hall

64. Jesse Orosco and Greg Field

65. Cesar Tovar

66. Bill Campbell

67. Dave Boswell

68. Twin-O-Gram

69. Eddie Bane

70. Rik

71. Harmon Killebrew

72. Rich Chiles

THE 1970'S - THE FLOUNDERING YEARS

73. Butch Wynegar

74. Mike Cuellar of the Baltimore Orioles

Tony Oliva

THE 1980'S - FINALLY, A CHAMPIONSHIP

THE 1980'S
FINALLY, A CHAMPIONSHIP

1. Who holds the Twins record for the longest hitting streak and how long did it last?

2. Who did the Twins acquire from the Boston Red Sox on August 31, 1987 for the stretch pennant run?

3. Who led the Twins in home runs with 13 in 1980?

4. Who went by the nickname of "Bruno"?

5. Who was nicknamed "Lombo" and what position did he play?

6. Who is the only Twins pitcher to ever lead the league in lowest ERA and what year did it take place?

7. Who was the Twins manager prior to Tom Kelly?

8. What fell out of Joe Niekro's back pocket when he was "busted" by the umpires for scuffing baseballs in August 3, 1987?

9. What native Minnesota Twins player had to overcome Tourette's Syndrome to continue his major league career?

10. Who holds the Twins record for most balks in a single game with three?

11. Who led the Twins pitching staff with 15 victories in 1983?

12. What Twins pitcher won the division clinching game against Kansas City on September 27, 1987?

13. Who did the Twins acquire Dan Gladden from in March of 1987?

14. The Twins longest losing streak stands at 14 games. When did this occur?

15. Who holds the Twins record for most saves by a rookie?

16. Which year's Twins free agent draft produced two American League Rookie of the Year winners?

17. What Twins player hit .412 with 2 home runs and a team leading 9 RBI's in the 1987 ALCS against the Tigers?

18. In what year did Tom Kelly take over as Twins manager?

19. What one time Twin replaced Cal Ripken in a game against the Blue Jays in 1987 and ended Ripken's consecutive-innings played streak at 8,243?

20. Who was the Twins starting catcher in their 1987 championship year season opener?

21. Who gave up hit number 1,000 to Kirby Puckett?

22. Name the Twins pitchers who won games in the 1987 World Series.

23. Who was the St. Louis Cardinal pitcher that gave up the grand slam home run to Kent Hrbek in game six of the 1987 World Series?

24. In 1984 Kent Hrbek finished second in the American League MVP voting. Who beat Kent out for the MVP award that year?

25. What California pitcher gave up Kirby Puckett's first major league hit?

26. Who hit the Twins first grand slam home run in the Metrodome?

27. The Twins lost every single game to this team in 1981 and finished the season series at 0-6. Who was this team?

28. On September 20, 1981, three Twins players hit home runs in their first major league game. Can you name them?

29. On September 28, 1984 the Twins had a 10-0 lead with ace Frank Viola on the mound but went on to lose the game 11-10. Who was the team that beat the Twins that day and eliminated them from the American League West race?

30. Who was the 1987 ALCS MVP?

31. Why did an Orlando, Florida policeman threaten to arrest Kirby Puckett during spring training in 1987?

32. What Twins pitcher set a Twins record when he gave up five home runs against Texas in 1986?

33. What was the last year the Twins played in Metropolitan Stadium?

34. What Twins player had a nickname of "Country"?

35. How many hits did Kirby Puckett have in his first major league game and who was the opposing team that day?

36. Who is the Twins most recent Cy Young award winner and what year did he win it?

37. Who holds the Twins best single season fielding percentage for a outfielder?

38. I hit the first Twins inside the park home run at the Metrodome. I went on to hit two more inside the park home runs as a Twins player and one of them is the only grand slam inside the park home run in Twins history. Who am I?

39. Brian Harper played for two World Series teams, one was the 1991 Twins. Who was the other team?

40. Who was the Twins second baseman that hit a home run in game one and ended up hitting over .400 in the 1987 World Series?

41. Who opened the season in left field for the Twins in their 1987 season opener?

42. The Twins acquired Steve Carlton in a trade from which team on July 31, 1987?

43. Who hit the first Twins home run in a regular season game at the Metrodome?

44. Kent Hrbek was second in the Rookie of the Year balloting in 1982. Who won the Rookie of the Year award that year?

45. What Twins pitcher had the unfortunate experience to lose 16 straight games for the Twins between 1980-1982?

46. I was expected to be the key player that the Twins received in the infamous July 31, 1989 trade in which Frank Viola was traded to the Mets. Who am I?

47. What pitcher holds the Twins all time post season strikeout record?

48. When I was playing for the Twins in the 1987 ALCS, I hit a home run in my first ALCS at bat. Who am I?

49. What four Twins hit a home run in the ninth inning against the A's in 1983?

50. What one time Twins announcer and pitcher served up Kent Hrbek's first home run?

51. In April of 1988 Tom Brunansky was traded to the Cardinals for what player?

52. How many times did Kent Hrbek hit 30 or more home runs in a single season?

53. Name the only pitcher that won 20 or more games in a season for the Twins in the 1980's.

54. When the Twins traded Doug Corbett and Rob Wilfong to California in 1982, they received Tom Brunansky and whom in return?

55. What Twins pitcher set a major league record in 1986 when he gave up 50 home runs?

56. Who were the winning and losing pitchers in game one of the 1987 World Series?

57. Who was the first Twins batter to bat in a regular season game at the Metrodome?

58. The Twins set a major league record for committing the fewest errors in a season in 1988. How many errors did they have that year?

59. Who knocked in the winning run in game seven of the 1987 World Series?
60. Who is second on the Twins all-time Saves list?
61. Who holds the Twins record for most plate appearances in a single season with 744?
62. In what year did Carl Pohlad buy the Twins from Calvin Griffith?
63. Did the Twins win or lose their home opener at the Metrodome on April 6, 1982?
64. Is it true that the Twins became the first American League team to draw 3 million fans when 3,030,672 fans passed through the turnstiles in 1987?
65. What were the little white and red hankies called that the Twins fans waved in 1987?
66. What was the most home runs that Kirby Puckett ever hit in a single season and what year did he accomplish this feat?
67. 1995 American League Rookie of the Year Marty Cordova was drafted in what round in 1989?
68. In 1981 the Twins won a grand total of how many games?
69. Who holds the Twins best single season fielding percentage for a third baseman?
70. Ron Davis was traded to which team in 1986?
71. What Twins player tied a major league record when he had 7 at bats in a regular nine inning game against Texas?
72. Who were the winning and losing pitchers in game seven of the 1987 World Series?
73. Name the Twins starting infielders on opening day in 1987.
74. Who scored the game winning run in game seven of the 1987 World Series?
75. What Twins pitcher was known as "Lefty"?

THE 1980'S - FINALLY, A CHAMPIONSHIP

76. Who set a World Series record by getting 5 hits in game one of the 1982 World Series and later went on to play for the Twins?
77. Who stole three bases for the Twins in the 1987 ALCS against the Tigers?
78. Who holds the Twins best single season fielding percentage for a second baseman?
79. Who was the Twins starting pitcher in their first regular season game at the Metrodome on April 6, 1982?
80. Who was the 1987 World Series MVP?
81. Who got the save in game two of the 1987 ALCS?
82. What Twins player was called "The Klaw"?
83. What caused the only postponement of a baseball game at the Metrodome?
84. Whose nickname was "T Rex"?
85. Who led the Twins in RBI's with 37 in 1981?
86. My record with the Twins was 1-6, however, during my long major league career, I won 363 games. Who am I?
87. What milestone did Kent Hrbek reach first, home run number 100 or hit number 1,000?
88. The Twins acquired Greg Gagne in a trade with what team?
89. Who were the Twins playing on September 27, 1987 when they had their largest regular season crowd ever (53,106)?
90. What is the Twins team record for most consecutive errorless games?
91. Who hurled a no hitter for the Expos against the Giants in 1981 and later in his career pitched for the Twins?
92. Who went by the nickname of "Sweet Music"?
93. Who is the first Twin to be elected to the Hall of Fame?
94. What is the Twins single game record for total bases and who holds the record?

95. What player hit a ball into one of the Metrodome's roof drainage holes in 1984 and ended up with a ground rule double because the ball never came back down?

96. What pitcher won game six of the 1986 World Series and later was traded to the Twins?

97. What happened at the Metrodome on October 12, 1987?

98. Name the MVP of the 1985 All Star game held in the Metrodome.

99. What Twins pitcher was the winning pitcher in the 1988 All Star game?

100. Who led the Twins in RBI's in the 1987 World Series and how many did he have?

101. What pitch did Frank Viola frequently use for his out pitch?

102. Who beat out Kirby Puckett for the Rookie of the Year award in 1984?

103. What Twin hit two home runs on opening day in 1982?

1. Ken Landreaux holds the record at 31 games
2. Don Baylor
3. John Castino
4. Tom Brunansky
5. Steve Lombardozzi and he played 2B
6. Alan Anderson in 1988 with a 2.45 ERA
7. Ray Miller
8. An emery board
9. Jim Eisenreich
10. Joe Niekro
11. Ken Schrom
12. Bert Blyleven
13. The San Francisco Giants
14. 1982
15. Doug Corbett with 23 saves in 1980
16. June 1989, Chuck Knoblauch was a first round pick and Marty Cordova was a tenth round pick
17. Tom Brunansky
18. September 12, 1986
19. Ron Washington
20. Tom Nieto
21. Shawn Hillegas of the White Sox
22. Bert Blyleven, Frank Viola (won 2 games), and Dan Schatzeder
23. Ken Dayley
24. Willie Hernandez
25. Jim Slayton
26. Gary Ward
27. The Baltimore Orioles

28. Gary Gaetti, Tim Laudner, and Kent Hrbek
29. Cleveland Indians
30. Gary Gaetti
31. Because Kirby was hitting home runs over the left field wall and hitting cars, breaking at least one windshield!!
32. Bert Blyleven
33. In 1981
34. Mark Davidson
35. Kirby started his career with a four hit game against the California Angels
36. Frank Viola won the award in 1988
37. Bobby Mitchell
38. Tom Brunansky
39. The Cardinals in 1985
40. Steve Lombardozzi
41. Mark Davidson
42. Cleveland Indians
43. Dave Engle
44. Cal Ripken Jr.
45. Terry Felton
46. David West
47. Frank Viola
48. Gary Gaetti
49. Dave Engle, Bobby Mitchell, Gary Gaetti, and Mickey Hatcher
50. George Frazier
51. Tommy Herr
52. Once, in 1987
53. Frank Viola, 24-7 in 1988
54. Mike Walters

THE 1980'S - FINALLY, A CHAMPIONSHIP

55. Bert Blyleven

56. Frank Viola won the game for the Twins and Joe Magrane lost the game for the Cardinals

57. Jim Eisenreich (grounded out)

58. Only 84 miscues

59. Greg Gagne

60. Ron Davis

61. Kirby Puckett in 1985

62. In 1984

63. They lost to the Seattle Mariners 11 to 7

64. No, it happened in 1988

65. Homer Hankies

66. Kirby hit 31 out of the park in 1986

67. 10th round

68. Only 41 games in that strike shortened season

69. Gary Gaetti with a .977 in 1988

70. Chicago Cubs

71. Dan Gladden

72. Frank Viola was the winner for the Twins and Danny Cox took the defeat for the Cardinals

73. Kent Hrbek at 1B
    Steve Lombardozzi at 2B
    Greg Gagne at SS
    Gary Gaetti at 3B

74. Tom Brunansky

75. Steve Carlton

76. Paul Molitor

77. Randy Bush

78. Rob Wilfong with a .995 in 1980

79. Pete Redfern

THE 1980'S - FINALLY, A CHAMPIONSHIP

80. Frank Viola
81. Juan Berenguer
82. Tom Klawitter
83. On April 14, 1983 the roof deflated due to a tear caused by heavy snow and the game against the Angels was postponed
84. Kent Hrbek
85. Mickey Hatcher
86. Steve Carlton
87. Home run number 100 came on June 8, 1986. Hit number 1,000 did not occur until May 30, 1988
88. New York Yankees
89. The Kansas City Royals
90. Ten
91. Charlie Lea
92. Frank Viola
93. Harmon Killebrew in 1984
94. Kirby Puckett had 14 total bases against the Brewers in 1987
95. Dave Kingman
96. Rick Aguilera
97. More than 50,000 fans filled the Metrodome to welcome back the Twins from their ALCS victory over the Detroit Tigers and I was there! What a sight.
98. LaMarr Hoyt of the San Diego Padres
99. Frank Viola
100. Dan Gladden led the Twins with 7 RBI's
101. The circle change-up
102. Alvin Davis
103. Gary Gaetti

THE 1980'S - FINALLY, A CHAMPIONSHIP

Kirby Puckett

THE 1990'S - CURRENT TIMES

THE 1990'S

CURRENT TIMES

1. What one-time Twin became the oldest player in history (at the age of 36), to have over 100 RBI's in a single season for the first time in his career?

2. Who did the Twins receive from the Chicago Cubs as compensation when Andy MacPhail left the Twins organization to become the Cubs CEO?

3. Who is the Twins all time "at-bats" leader?

4. Dave Winfield got his 3,000 hit on September 16, 1993 in the Metrodome. Who was the opposing pitcher?

5. What is "Chili" Davis's real first name?

6. Name the only other team besides the 1987 Twins to win a World Series without winning a road game?

7. What Twins player was selected MVP of the 1993 All Star game?

8. Who was nicknamed "Big Train"?

9. Who scored the winning run in game seven of the 1991 World Series?

10. What pitcher beaned Kirby Puckett on September 28, 1995 and ended his season?

11. Who was the 1991 World Series MVP?

12. The Twins are the only team to ever turn two triple plays in one game. They accomplished this on July 17, 1990. Who was the opposing team and what stadium did it occur in?

13. What is the most runs the Twins have scored in a single game and who were the unfortunate opponents that day?
14. Who hit the game winning home run in game two of the 1991 World Series?
15. Who is the Twins career saves leader?
16. What was Mike Pagliarulo's nickname?
17. What Atlanta Braves pitcher gave up the game winning home run to Kirby Puckett in game six of the 1991 World Series?
18. What one time Twins player once hit 3 home runs in a single game against the Twins and what team was he playing for at the time?
19. Who holds the Twins all time record for most post season victories?
20. Who is the only team to ever win a post season game against the Twins in the Metrodome?
21. What is Chuck Knoblauch's real first name?
22. What city in Florida is the current spring training home of the Minnesota Twins?
23. In 1992 I led the Twins pitchers in strikeouts, had the best ERA and tied for the team lead in victories with 16. Who am I?
24. Who had the game winning hit in game seven of the 1991 World Series?
25. What two players did the Twins lose in the 1997 expansion draft to the Arizona Diamondbacks?
26. Who was the 1991 ALCS MVP?
27. Who holds the Twins record for most stolen bases in a single season?
28. Who are the only Twins players to ever win the Outstanding Designated Hitter award?

29. In what year did the pitching staff give up an all time Twins high of 233 gopher balls?

30. The Twins and the Red Sox hold the major league record for most double plays in a regular nine inning game. How many double plays were executed in that 1990 game?

31. What Twins pitcher was a runner-up Mr. Basketball in the state of Texas?

32. What former Twins player had the only hit in Scott Erickson's one hitter against the Red Sox in 1992?

33. Who was the Twins winning pitcher in the 22 inning marathon against the Indians at the Metrodome on August 31, 1993?

34. Name the winning and losing pitchers in game seven of the 1991 World Series?

35. Who holds the Twins record for most runs scored in a single season with 140?

36. Who had the Twins best ERA in 1993?

37. Who holds the Twins pitching record for most consecutive wins in a single season and how many games were won during that hot streak?

38. What did Kirby Puckett accomplish on his 5,129th career at bat?

39. When the Twins traded Willie Banks to the Cubs in 1993, who did they receive in return?

40. Whose nickname was "Tewks"?

41. What player joined the Twins in 1993 and became the lowest Twins draft pick ever to play for the Twins?

42. What Twins player went by the nickname of "Petey"?

43. What pitcher gave up Kirby Puckett's 2,000 hit?

44. What is the Twins longest winning streak and when did it occur?

45. What Twins player was nicknamed "Molly"?

THE 1990'S - CURRENT TIMES

46. Who was the season opening 3B for the Twins in 1991?
47. Did any of the 1991 World Series games go into extra innings? If so, how many games did so?
48. Who is the only Twins relief pitcher to have back-to-back 40 save seasons?
49. What now occupies the land that Metropolitan Stadium once utilized?
50. To what team did the Twins trade Rick Aguilera in 1995?
51. Who is the only Twins pitcher to ever lose a post season game in the Metrodome?
52. What Twins player homered in 5 consecutive games tying the Twins record and the major league rookie record?
53. Name the two Twins pitchers that won 20 or more games in a season in the 1990's.
54. What was the last year that the Twins held spring training in Orlando?
55. What Twins pitcher had a string of 30 and 1/3 scoreless innings in 1991?
56. What is the most pinch hitters that the Twins have used in a 9 inning game?
57. Who won the final (game five) game against the Blue Jays in the 1991 ALCS?
58. Who holds the Twins single season fielding percentage record for a first baseman?
59. What one time Twins relief pitcher once started 37 games for the 1985 Braves and failed to finish any of them?
60. What Twins player was sometimes called Mr. Personality?
61. What did Rick Aguilera do in game 3 of the 1991 World Series that was not previously done since Don Drysdale did it in game 2 of the 1965 World Series?
62. What is the worst ERA that the Twins pitching staff has compiled for a single season?

63. Could it be true that the Twins hit into 172 double plays in a single season?

64. What is the most hits the Twins have ever had in a single 9 inning game and against which team did this take place?

65. Who was the Twins batting leader in 1993 with a .304 average?

66. In what year did the Twins score an all time (for the Twins) 877 runs?

67. Who were the winning and losing pitchers in game one of the 1991 World Series?

68. Rod Carew was elected to the Hall of Fame in 1991. Did he make it on his first try?

69. What Twins pitcher gave up hit number 3,000 to Eddie Murray at the Metrodome on June 30, 1995?

70. What Twins player hit his first major league home run off Randy Johnson in 1995?

71. Which Twins pitcher was tied for the league lead in appearances by a pitcher in 1996?

72. Who was the first round draft choice that the Twins lost in 1996 to free agency due to a contract mix up?

73. In what year did the Minnesota Twins become the first team in major league history to go from last place to World Champions the next year?

74. In what inning did Kirby Puckett hit his game winning home run in game six of the 1991 World Series?

75. What Twins player was inducted along with Kirby Puckett into the Triton Community College Hall of Fame in 1993?

76. What Twins pitcher threw three shutouts and tied for the league leadership in that category in 1996?

77. Who caught Scott Erickson's 1994 no-hitter against the Milwaukee Brewers?

78. Who was the player that the Twins signed as a free agent in 1997 that hit a grand slam and had 6 RBI's in his Twins debut?

79. Who was the Twins stolen base leader in his first seven seasons with the team?

80. Terry Steinbach played for what team prior to signing as a free agent with the Twins?

81. What Atlanta Braves player was tagged out by Kent Hrbek in a controversial play at 1B during game two of the 1991 World Series?

82. Who did the Twins trade to the New York Yankees in February of 1998 for four minor leaguers and several million dollars?

83. What Twins player was the hardest American League batter to strike out in 1992, averaging 24.8 plate appearances per strike out?

84. Whose nickname was the Candy Man?

Kent Hrbek

THE 1990'S - CURRENT TIMES   **45**

1. Paul Molitor
2. Hector Trinidad
3. Kirby Puckett
4. Dennis Eckersley
5. Charles
6. The 1991 Minnesota Twins
7. Kirby Puckett
8. Carl Willis
9. Dan Gladden
10. Dennis Martinez
11. Jack Morris
12. Boston Red Sox at Fenway Park
13. On April 24, 1996, the Twins scored 24 runs against the Detroit Tigers
14. Scott Leius
15. Rick Aguilera
16. "Pags"
17. Charlie Leibrandt
18. Dave Winfield as a California Angel
19. Jack Morris
20. The Toronto Blue Jays won game 2 of the 1991 ALCS
21. Edward
22. Fort Myers
23. John Smiley
24. Gene Larkin
25. Brent Brede and Damion Miller
26. Kirby Puckett

27. Chuck Knoblauch
28. Chili Davis in 1991 and Paul Molitor in 1996
29. In 1996
30. Ten double plays. Now, that's helping the pitching staff
31. Pat Mahomes
32. Tom Brunansky
33. Brett Merriman
34. Jack Morris was the winner for the Twins and Alejandro Pena was the losing pitcher for the Braves
35. Chuck Knoblauch in 1996
36. Willie Banks with 4.04
37. Scott Erickson won 12 straight games in 1991 and Brad Radke tied that record in 1997
38. Hit his first grand slam home run
39. Dave Stevens and Matt Walbeck
40. Bob Tewksbury
41. Denny Hocking was drafted in the 52nd round
42. Pedro Munoz
43. Bobby Witt of Oakland
44. In 1991 the Twins won 15 straight games
45. Paul Molitor
46. Mike Pagliarulo
47. Yes, three games went over-time (games 3, 6 and 7)
48. Rick Aguilera in 1991 and 1992
49. The Mall of America
50. Boston Red Sox
51. Kevin Tapani lost game two of the 1991 ALCS against Toronto

52. Marty Cordova

53. Scott Erickson and Brad Radke

54. 1990

55. Scott Erickson

56. Eight

57. David West

58. Kent Hrbek with a .997 in 1990

59. Steve Bedrosian

60. Rich Becker

61. First pitcher to pinch hit in a World Series game since Drysdale

62. In 1995 the Twins pitching staff had an ERA of 5.76

63. Yes, in 1996

64. The Twins pounded the Seattle Mariners for 24 hits in a 1996 game

65. Brian Harper

66. In 1996

67. Jack Morris was the winner and Charlie Leibrandt was the loser

68. Yes

69. Mike Trombley

70. Ron Coomer

71. Eddie Guardado pitched in 83 games

72. Travis Lee and he eventually signed with the Arizona Diamondbacks

73. The 1991 Twins beat the Braves for the World Series title after finishing last in 1990.

74. The 11th inning

75. Jeff Reboulet

76. Rich Robertson
77. Matt Walbeck
78. Darrin Jackson
79. Chuck Knoblauch
80. Oakland A's
81. Ron Gant
82. Chuck Knoblauch
83. Brian Harper
84. John Candelaria

Jim Kaat

1961-1997

POTPOURRI

1. How many managers have the Twins had in their history?
2. Name the three Twins players that have more than 3,000 career hits.
3. Name the three opposing pitchers that have pitched no-hitters against the Twins.
4. Name the only three Twin players that have more than 1,000 RBI's in a Twins uniform.
5. Name the three Twins managers that won less than 100 games total in their careers as Twins managers.
6. Name the three Twins pitchers that are in the top twenty on the major league all time strike out leader list.
7. Has the Twins pitching staff ever had an ERA of under 3.00 at seasons end?
8. The Twins have opened the season against this team more often then any other. Who are they?
9. Jack Morris played for three World Series teams including the 1991 Twins. What other World Series teams did he pitch for?
10. Name the only American League team to hold Kirby Puckett to a career batting average of under .300?
11. Who is the Twins all time winningest manager?
12. Which team have the Twins beaten the most frequently?

13. Who is the second Twins player to be elected to the Hall of Fame?

14. I have been a Twins player, a Twins coach, a Twins manager and a Twins broadcaster on WCCO radio. Who am I?

15. Name the four Twins managers that have led the Twins to 1st place finishes.

16. What pitcher has hurled the most complete games as a Twin with 141?

17. Have the Twins won or lost more season openers?

18. Name the three Twins pitchers that have pitched more than 300 innings in a single season.

19. Who was known as "The Rat"?

20. Name the only two Twins that have scored more then 1,000 runs as Twins players.

21. What was the Twins spring training home before they moved to Fort Myers in 1991?

22. Who is the Twins all time post season leader in RBI's?

23. What Twins player once held the Minnesota Gophers single-season pitching strikeout record with 109?

24. What is manager Tom Kelly's number?

25. Who is the Twins all-time shutout leader with 29?

26. Who has broadcast Twins games longer than anyone in Twins history?

27. Kirby Puckett is the only Twins player to have had six hits in a game and he has accomplished this difficult feat twice. Name the opposing teams.

28. Ironically, the Twins opened both of their World Series Championship seasons in 1987 and 1991 against this team. Who was that team?

29. What is the most consecutive innings that the Twins have scored in a single game?

30. Which team has beaten the Twins most often?

31. Which Twins player won a Gold Glove for 11 consecutive years between 1962 and 1972?

32. Name the only two Twins players to have a last name that starts with a "U".

33. Who is the only opposing pitcher to have won more than 20 games against the Twins in his career?

34. Name the four Twins pitchers that are tied for the Twins single game strikeout record with 15.

35. What pitcher has given up the most home runs in his Twin career?

36. I hold the Twins record for most games pitched in a career. Who am I?

37. What is the Twins record for most consecutive games in which they have hit a home run?

38. What Twins pitcher had back to back 20 win seasons in 1969 and 1970?

39. Who holds the record for most seasons as a Twins coach?

40. What Twins player was nicknamed "The Blade"?

41. Name the Twins top three all time pinch hit leaders.

42. What team lost a total of 101 games to the Twins at Metropolitan Stadium?

43. In what years have the Twins hosted the All Star game?

44. What pitcher has the Twins all time best winning percentage?

45. What "Savings Institution" sign could be seen on the old scoreboard at Metropolitan Stadium?

46. Name the five players that have a career batting average of .300 or better as Twins?

47. The Toronto Blue Jays lost how many games to the Twins in Metropolitan Stadium over the years?

48. How many Golden Glove awards did Rod Carew win as a Minnesota Twin?

1961–1997 · POTPOURRI

49. Name the only two Twins players to ever hit home runs from both sides of the plate in the same game.

50. Is it true that Stan Swol served as a first base coach for one game during the 1987 championship season?

51. Name the only Twins player to have a last name that starts with a "Y".

52. Name the five Twins that have won the American League Rookie of the Year Awards and the year that they won them?

53. Who holds the all time Twins record for most games played at 1,939?

54. What two players hold the Twins record for most stolen bases as a rookie with 25?

55. What Twins player broke most of Lou Gehrig's records at Columbia University?

56. What is the most runs the Twins have scored in a single inning?

57. Who hit the longest home run in the Metrodome, a 481 foot shot to the second deck in right field?

58. Whose nicknames were "El Gasolino" and "Señor Smoke?"

59. What Twins player set an All Star game record by hitting two triples in one game?

60. Who is in second place on the all time most games played as a Twin list?

61. Who is the all time Twins leader in doubles?

62. Name the three Twins players that have been American League batting champions.

63. What player has the bragging rights to the longest ever Twins home run at the Metrodome?

64. What pitcher holds the Twins record for most career losses with 152?

1961–1997 · POTPOURRI

65. What are the five numbers that the Twins have officially retired and who did they belong to (Not including Jackie Robinson's number 42)?

66. Who was nicknamed the "Killer"?

67. Name the three Twins pitchers that have pitched no-hitters.

68. Why is the number 102 significant in Twins lore?

69. Who is the Twins all time leader in triples with 90?

70. Only five Twins players have ever hit into a triple play. Can you name any of these players?

71. Have the Twins ever clinched a division title or pennant at home?

72. Who was known as the "G man"?

73. Roy Smalley is related to what former Twins manager?

74. What four Twins relief pitchers have won American League Fireman of the Year awards?

75. Which visiting team is the best draw in Minnesota?

76. What two players share the Twins consecutive hits record with 9?

77. What Twins player was often called Herbie?

78. Name the five players that have gotten 200 or more hits in a season in a Twins uniform.

79. Harmon Killebrew led the American League in RBI'S three times in his career. Who are the only other Twins players to lead the American League in RBI'S?

80. Did the Twins use the first or third base dugout in Metropolitan Stadium?

81. What is the Twins record for most RBI'S in a single game and who holds the record?

82. Name the Twins player that was a starting fullback for the University of Kansas and went on to hit 211 home runs for the Twins?

83. Who is known as "Tony O"?
84. Bert Blyleven was born in what country?
85. What had just occurred when announcer John Gordon used the phrase "touch em all , Kirby Puckett".
86. Name the four Twins players that have hit a home run in their first at bat in a major league game.
87. What popular Twins player went by the handle of "Pepe"?
88. Who went by the nickname of "The Puck"?
89. How many Gold Glove awards did Kent Hrbek win?
90. Who is the Twins all time hits leader?
91. Who was known as the "Dutchman"?
92. Name the three Twins players that have hit three home runs in a game.
93. Who is the Twins all time leader in post season hits?
94. What Twins pitcher holds the record for being the youngest pitcher in a Championship Series?
95. Which Twins player was nicknamed "Kitty"?
96. Name the four pitchers that have won 100 or more games as a Twin?
97. Whose nickname was "Papa Jack"?
98. What one time Twins pitcher holds the major league record for Gold Gloves won by a pitcher and how many did he earn?
99. What Twins player had the only Twins hit in four games in which the Twins only had one hit?
100. Who went by the nickname of "Chico"?
101. Harmon Killebrew walked more often than any other Twins batter when he took first base the easy way 1,321 times in his Twins career. Who is second on the all-time Twins "walk" list?

102. Name the four Twins players that were in the season opening lineups in both 1987 and 1991.

103. Who went by the nickname of "Gags"?

104. What Twins manager once hit a game winning double in the bottom of the 9th inning, with two out, to break up a World Series no hitter?

105. Who hit the first home run at Metropolitan Stadium?

106. Name the only player in major league history that had more hits in his first ten full seasons than Kirby Puckett.

107. Paul Molitor graduated from what Minnesota High School?

108. What player played for the Twins in the 1965 World Series and coached for the Twins in the 1987 and 1991 World Series?

109. In what country was Rod Carew born?

110. What Twins pitcher set an NCAA record by hitting 20 batters during his 1989 season at Duke?

111. Whose nickname is T.K.?

112. Name the only Twins pitcher to lose an All Star game and the year that it happened?

113. What pitcher has drawn the most opening day assignments for the Twins?

114. What player won the American League Rookie of the Year award in 1959 and later starred for the Twins?

115. What disease ended the great career of Kirby Puckett?

116. What is the Twins won-lost record since they were formed in 1961?

117. Name the five Twins players that have back to back Z's in either their first or last name (example: Walter Hazzle).

118. What player appeared in a Twins uniform as an active player for 15 consecutive seasons and holds the Twins leadership in that category?

1961–1997 · POTPOURRI

1. Eleven

2. Rod Carew, Dave Winfield and Paul Molitor

3. Jim "Catfish" Hunter in 1968, Vida Blue in 1970, and Nolan Ryan in 1974

4. Harmon Killebrew with 1,325, Kent Hrbek with 1,086, and Kirby Puckett with 1,085

5. Cookie Lavagetto with 25 wins, John Goryl with 34 wins, and Billy Martin with 97 wins

6. Steve Carlton, Bert Blyleven and Jerry Koosman

7. Yes, in 1968 and again in 1972

8. The Oakland A's

9. The 1984 Tigers and the 1992 Blue Jays

10. The Toronto Blue Jays held Kirby to an average of .279

11. Tom Kelly

12. The Chicago White Sox

13. Rod Carew

14. Frank Quilici

15. Sam Mele in 1965, Billy Martin in 1969, Bill Rigney in 1970, and Tom Kelly in 1987 and 1991

16. Bert Blyleven

17. Lost

18. Jim Kaat, Bert Blyleven, and Dave Goltz

19. Gary Gaetti

20. Kirby Puckett and Harmon Killebrew

21. Tinker Field in Orlando, Florida

22. Kirby Puckett

23. Dave Winfield

24. Tom Kelly wears number 10

58   1961–1997 · POTPOURRI

25. Bert Blyleven
26. Hall of Famer Herb Carneal
27. The Milwaukee Brewers in 1987 and the Texas Rangers in 1991
28. Oakland A's
29. Seven
30. The Angels
31. Jim Kaat
32. Ted Uhlaender and Scott Ullger
33. Jack Morris
34. Camilo Pascual in 1961, Joe Decker in 1973, Jerry Koosman in 1980, and Bert Blyleven in 1986
35. Jim Kaat with 270 long balls
36. Jim Kaat pitched in 468 games for the Twins
37. Sixteen straight games
38. Jim Perry
39. Rick Stelmaszek started as a coach in 1980 and is still coaching
40. Tommy Hall
41. Randy Bush is the leader with 74, followed by Chip Hale with 51, and Rich Reese with 42
42. Chicago White Sox
43. In 1965 and again in 1985
44. Juan Berenguer at .717 (33-13)
45. Midwest Federal
46. Rod Carew, Kirby Puckett, Brian Harper, Shane Mack, and Tony Oliva
47. A total of 5 games
48. None

1961–1997 · POTPOURRI

49. Roy Smalley in 1986 and Chili Davis in 1992

50. I'm afraid not, maybe in his dreams!

51. Richard Yett

52. Tony Oliva in 1964, Rod Carew in 1967, John Castino in 1979, Chuck Knoblauch in 1991, and Marty Cordova in 1995

53. Harmon Killebrew

54. Willie Norwood and Chuck Knoblauch

55. Gene Larkin

56. Eleven

57. Ben Oglivie

58. Juan Berenguer

59. Rod Carew

60. Kirby Puckett played in 1,783 games and enjoyed everyone one of them

61. Kirby Puckett

62. Tony Oliva in 1964, 1965, and 1971
    Rod Carew in 1969, 1972, 1973, 1974, 1975, 1977 and 1978
    Kirby Puckett in 1989

63. Kent Hrbek with a 480 foot blast to right

64. Jim Kaat

65. Number 3 to Harmon Killebrew
    Number 6 to Tony Oliva
    Number 14 to Kent Hrbek
    Number 29 to Rod Carew
    Number 34 to Kirby Puckett

66. Harmon Killebrew

67. Jack Kralick, Dean Chance and Scott Erickson

68. It is the most games they have ever won in a single season and also the most games they have lost in a single season

69. Rod Carew

70. John Roseboro, Jim Nettles, Butch Wynegar, Lyman Bostock, and Ron Coomer

71. No

72. Gary Gaetti

73. Gene Mauch

74. Ron Perranoski in 1969 and 1970
    Bill Campbell in 1976
    Mike Marshall in 1979
    Jeff Reardon in 1987

75. The New York Yankees

76. Tony Oliva and Mickey Hatcher

77. Kent Hrbek

78. Tony Oliva, Cesar Tovar, Rod Carew, Kirby Puckett, and Paul Molitor

79. Larry Hisle in 1977 and Kirby Puckett in 1994

80. First base dugout

81. Glenn Adams and Randy Bush share the record with 8 runs batted in

82. Bob Allison

83. Tony Oliva

84. Holland

85. Kirby had just hit a home run

86. Rick Renick, Dave McKay, Gary Gaetti, and Andre David

87. Cesar Tovar

88. Kirby Puckett

89. Zippo, nada, zero, can you believe it?

90. Kirby Puckett

91. Bert Blyleven

1961–1997 · POTPOURRI

92. Bob Allison in 1963, Harmon Killebrew in 1963, and Tony Oliva in 1973

93. Kirby Puckett

94. Bert Blyleven

95. Jim Kaat

96. Jim Kaat with 189 wins, Bert Blyleven with 149 wins, Jim Perry with 128 wins, and Frank Viola with 112 wins

97. Ron Jackson

98. Jim Kaat with 16 Gold Gloves

99. Cesar Tovar

100. Leo Cardenas

101. Kent Hrbek with 838 free passes

102. Dan Gladden, Kirby Puckett, Kent Hrbek, and Greg Gagne

103. Greg Gagne

104. Cookie Lavagetto

105. Dale Long

106. Willie Keeler had 2,065 hits to Kirby's 2,040 hits

107. Cretin High School in St. Paul

108. Tony Oliva

109. Panama

110. Mike Trombley

111. Manager Tom Kelly

112. Camilo Pascual was the losing pitcher in the 1962 All Star game

113. Bert Blyleven has been the Twins opening day pitcher the most times with six

114. Bob Allison

115. Glaucoma

116. They have won 2,919 games and lost 2,937 times

117. Keith Garagozzo, Mauro Gozzo, Steve Lombardozzi, Sam Perlozzo and Buzz Stephen

118. Tony Oliva

Earl Battey

PLAYER STATISTICS

PLAYER STATISTICS

Since that first batter appeared in a Twins uniform in 1961, there have been a total of 489 players that have worn the Twins uniform. Some played in as little as one game, while others have enjoyed a long and illustrious career. This section will tell you how these players performed as Twins. Many have obviously played for other teams before and after their stints with the Twins, but you will not find those statistics here.

The players are listed alphabetically and their hitting and pitching statistics are listed below. The hitting category is always listed first, regardless if the player was a position player or a pitcher. You will notice the impact that the Designated Hitter rule has had on the pitchers hitting statistics over the years. Check out the hitting stats on some of the pitchers in the Twins early years and you will see some amazing numbers. You should also note that inter-league play will now cause many of the Twins pitchers to grab that lumber once again. In addition, a number of Twins position players have towed the rubber and taken their turn on the mound; you will find these numbers enlightening.

Hitting Categories
Year . . Year Played
G . . . . Games Appeared
AB . . . At Bats
R . . . . Runs Scored
H . . . . Hits
2B . . . Doubles
3B . . . Triples
HR . . Home Runs
RBI . . Runs Batted In
AVG . Batting Average
TB . . . Total Bases
BB . . . Base on Balls (Walks)
SO . . . Strike Outs
SB . . . Stolen Bases
GDP . Ground into Double Plays

Pitching Categories
Year . . Year Played
G . . . . Games Appeared
GS . . . Games Started
CG . . . Complete Games
W . . . . Games Won
L . . . . Games Lost
SHO . . Shutouts
SV . . . Games Saved
IP . . . . Innings Pitched
H . . . . Hits Allowed
R . . . . Total Runs allowed
ER . . . Total Earned Runs Allowed
ERA . . Earned Run Average
HR . . . Home Runs Allowed
BB . . . Base on Balls (Walks) Allowed
SO . . . Strike Outs

PAUL ABBOTT

YEAR	G	GS	CG	W	L	SHO	SV	IP	H	R	ER	ERA	HR	BB	SO
1990	7	7	0	0	5	0	0	34.2	37	24	23	5.97	0	28	25
1991	15	3	0	3	1	0	0	47.1	38	27	25	4.75	5	36	43
1992	6	0	0	0	0	0	0	11	12	4	4	3.27	1	5	13

GLENN ADAMS

YEAR	G	AB	R	H	2B	3B	HR	RBI	AVG.	TB	BB	SO	SB	GDP
1977	95	269	32	91	17	0	6	49	.338	126	18	30	0	5
1978	116	310	27	80	18	1	7	35	.258	121	17	32	0	10
1979	119	326	34	98	13	1	8	50	.301	137	25	27	2	3
1980	99	262	32	75	11	2	6	38	.286	108	15	26	2	11
1981	72	220	13	46	10	0	2	24	.209	62	20	26	0	10

MIKE ADAMS

YEAR	G	AB	R	H	2B	3B	HR	RBI	AVG.	TB	BB	SO	SB	GDP
1972	3	6	0	2	0	0	0	0	.333	2	0	1	0	0
1973	55	66	21	14	2	0	3	6	.212	25	17	18	2	2

JUAN AGOSTO

YEAR	G	GS	CG	W	L	SHO	SV	IP	H	R	ER	ERA	HR	BB	SO
1986	17	1	0	1	2	0	1	20.1	43	25	20	8.85	1	14	9

RICK AGUILERA

YEAR	G	GS	CG	W	L	SHO	SV	IP	H	R	ER	ERA	HR	BB	SO
1989	11	11	3	3	5	0	0	75.2	71	32	27	3.21	5	17	57
1990	56	0	0	5	3	0	32	65.1	55	27	20	2.76	5	19	61
1991	63	0	0	4	5	0	42	69	44	20	18	2.35	3	30	61
1992	64	0	0	2	6	0	41	66.2	60	28	21	2.84	7	17	52
1993	65	0	0	4	3	0	34	72.1	60	25	25	3.11	9	14	59
1994	44	0	0	1	4	0	23	44.2	57	23	18	3.63	7	10	46
1995	22	0	0	1	1	0	12	25	20	7	7	2.52	2	6	29
1996	19	19	2	8	6	0	0	111.1	124	69	67	5.42	20	27	83
1997	61	0	0	5	4	0	26	68.1	65	29	29	3.82	9	22	68

VIC ALBURY

YEAR	G	AB	R	H	2B	3B	HR	RBI	AVG.	TB	BB	SO	SB	GDP
1975	1	1	0	0	0	0	0	0	.000	0	0	1	0	0

YEAR	G	GS	CG	W	L	SHO	SV	IP	H	R	ER	ERA	HR	BB	SO
1973	14	0	0	1	0	0	0	23.1	13	7	7	2.74	1	19	13
1974	32	22	4	8	9	1	0	164	159	83	75	4.12	19	80	85
1975	32	15	2	6	7	0	1	135	115	82	68	4.53	16	97	72
1976	23	0	0	3	1	0	0	50.1	51	22	20	3.60	0	24	23

SCOTT ALDRED

YEAR	G	GS	CG	W	L	SHO	SV	IP	H	R	ER	ERA	HR	BB	SO
1996	25	17	0	6	5	0	0	122	134	73	69	5.09	20	42	75
1997	17	15	0	2	10	0	0	77.1	102	66	66	7.68	20	28	33

Bernie Allen

YEAR	G	AB	R	H	2B	3B	HR	RBI	AVG.	TB	BB	SO	SB	GDP
1962	159	573	79	154	27	7	12	64	.269	231	62	82	0	10
1963	139	421	52	101	20	1	9	43	.240	150	38	52	0	6
1964	74	243	28	52	8	1	6	20	.214	80	33	30	1	5
1965	19	39	2	9	2	0	0	6	.231	11	6	8	0	0
1966	101	319	34	76	18	1	5	30	.238	111	26	40	2	10

Bob Allison

YEAR	G	AB	R	H	2B	3B	HR	RBI	AVG.	TB	BB	SO	SB	GDP
1961	159	556	83	136	21	3	29	105	.245	250	103	100	2	17
1962	149	519	102	138	24	8	29	102	.266	265	84	115	8	12
1963	148	527	99	143	25	4	35	91	.271	281	90	109	6	7
1964	149	492	90	141	27	4	32	86	.287	272	92	99	10	7
1965	135	438	71	102	14	5	23	78	.233	195	73	114	10	5
1966	70	168	34	37	6	1	8	19	.220	69	30	34	6	2
1967	153	496	73	128	21	6	24	75	.258	233	74	114	6	5
1968	145	469	63	116	16	8	22	52	.247	214	52	98	9	16
1969	81	189	18	43	8	2	8	27	.228	79	29	39	2	8
1970	47	72	15	15	5	0	1	7	.208	23	14	20	1	2

Joe Altobelli

YEAR	G	AB	R	H	2B	3B	HR	RBI	AVG.	TB	BB	SO	SB	GDP
1961	41	95	10	21	2	1	3	14	.221	34	13	14	0	2

Brant Alyea

YEAR	G	AB	R	H	2B	3B	HR	RBI	AVG.	TB	BB	SO	SB	GDP
1970	94	258	34	75	12	1	16	61	.291	137	28	51	3	12
1971	79	158	13	28	4	0	2	15	.177	38	24	38	1	7

Allan Anderson

YEAR	G	AB	R	H	2B	3B	HR	RBI	AVG.	TB	BB	SO	SB	GDP
1986	1	0	0	0	0	0	0	0	...	0	0	0	0	0
1989	1	1	0	0	0	0	0	0	.000	0	0	1	0	0

YEAR	G	GS	CG	W	L	SHO	SV	IP	H	R	ER	ERA	HR	BB	SO
1986	21	10	1	3	6	0	0	84.1	106	54	52	5.55	11	30	51
1987	4	2	0	1	0	0	0	12.1	20	15	15	10.95	3	10	3
1988	30	30	3	16	9	1	0	202.1	199	70	55	2.45	14	37	83
1989	33	33	4	17	10	1	0	196.2	214	97	83	3.80	15	53	69
1990	31	31	5	7	18	1	0	188.2	214	106	95	4.53	20	39	82
1991	29	22	2	5	11	0	0	134.1	148	82	74	4.96	24	42	51

Gerry Arrigo

YEAR	G	AB	R	H	2B	3B	HR	RBI	AVG.	TB	BB	SO	SB	GDP
1961	2	2	0	1	0	0	0	1	.500	1	0	0	0	0
1962	1	0	0	0	0	0	0	0	....	0	0	0	0	0
1963	5	4	0	0	0	0	0	0	.000	0	0	1	0	0
1964	41	29	3	5	1	0	0	3	.172	6	2	7	0	0

Gerry Arrigo (cont.)

YEAR	G	GS	CG	W	L	SHO	SV	IP	H	R	ER	ERA	HR	BB	SO
1961	7	2	0	0	1	0	-	9.2	9	12	11	10.24	0	10	6
1962	1	0	0	0	0	0	0	1	3	3	2	18.00	0	1	1
1963	5	1	0	1	2	0	0	15.2	12	5	5	2.81	2	4	13
1964	41	12	2	7	4	1	1	105.1	97	48	45	3.86	11	45	96

Fernando Arroyo

YEAR	G	GS	CG	W	L	SHO	SV	IP	H	R	ER	ERA	HR	BB	SO
1980	21	11	1	6	6	1	0	92.1	97	55	48	4.70	7	32	27
1981	23	19	2	7	10	0	0	128.1	144	66	56	3.94	11	34	39
1982	7	0	0	0	1	0	0	13.2	17	8	8	5.27	2	6	4

Keith Atherton

YEAR	G	GS	CG	W	L	SHO	SV	IP	H	R	ER	ERA	HR	BB	SO
1986	47	0	0	5	8	0	10	81.2	82	37	34	3.75	9	35	59
1987	59	0	0	7	5	0	2	79.1	81	46	40	4.54	10	30	51
1988	49	0	0	7	5	0	3	74	65	29	28	3.41	10	22	43

Wally Backman

YEAR	G	AB	R	H	2B	3B	HR	RBI	AVG.	TB	BB	SO	SB	GDP
1989	87	299	33	69	9	2	1	26	.231	85	32	45	1	4

Mike Bacsik

YEAR	G	GS	CG	W	L	SHO	SV	IP	H	R	ER	ERA	HR	BB	SO
1979	31	0	0	4	2	0	0	65.2	61	39	32	4.36	6	29	33
1980	10	0	0	0	0	0	0	23	26	12	11	4.30	1	11	9

Chuck Baker

YEAR	G	AB	R	H	2B	3B	HR	RBI	AVG.	TB	BB	SO	SB	GDP
1981	40	66	6	12	0	3	0	6	.182	18	1	8	0	3

Doug Baker

YEAR	G	AB	R	H	2B	3B	HR	RBI	AVG.	TB	BB	SO	SB	GDP
1988	11	7	1	0	0	0	0	0	.000	0	0	5	0	0
1989	43	78	17	23	5	1	0	9	.295	30	9	18	0	0
1990	3	1	0	0	0	0	0	0	.000	0	0	0	0	0

Eddie Bane

YEAR	G	AB	R	H	2B	3B	HR	RBI	AVG.	TB	BB	SO	SB	GDP
1976	1	0	0	0	0	0	0	0	....	0	0	0	0	0

YEAR	G	GS	CG	W	L	SHO	SV	IP	H	R	ER	ERA	HR	BB	SO
1973	23	6	0	0	5	0	2	60.1	62	40	33	4.95	5	30	42
1975	4	4	0	3	1	0	0	28.1	28	11	9	2.89	2	15	14
1976	14	15	1	4	7	0	0	79.1	92	52	45	5.13	6	39	24

PLAYER STATISTICS

George Banks

YEAR	G	AB	R	H	2B	3B	HR	RBI	AVG.	TB	BB	SO	SB	GDP
1962	63	103	22	26	0	2	4	15	.252	42	21	27	0	6
1963	25	71	5	11	4	0	3	8	.155	24	9	21	0	2
1964	1	1	0	0	0	0	0	0	.000	0	0	1	0	0

Willie Banks

YEAR	G	GS	CG	W	L	SHO	SV	IP	H	R	ER	ERA	HR	BB	SO
1991	5	3	0	1	1	0	0	17.1	21	15	11	5.71	1	12	16
1992	16	12	0	4	4	0	0	71	80	46	45	5.70	6	37	37
1993	31	30	0	11	12	0	0	171.1	186	91	77	4.04	17	78	138

Steve Barber

YEAR	G	AB	R	H	2B	3B	HR	RBI	AVG.	TB	BB	SO	SB	GDP
1970	19	2	0	0	0	0	0	0	.000	0	0	0	0	0
1971	6	5	0	0	0	0	0	0	.000	0	0	2	0	0

YEAR	G	GS	CG	W	L	SHO	SV	IP	H	R	ER	ERA	HR	BB	SO
1970	18	0	0	0	0	0	2	27.1	26	14	14	4.67	1	18	14
1971	4	2	0	1	0	0	0	11.2	8	9	8	6.00	2	13	4

Randy Bass

YEAR	G	AB	R	H	2B	3B	HR	RBI	AVG.	TB	BB	SO	SB	GDP
1977	9	19	0	2	0	0	0	0	.105	2	0	5	0	0

Earl Battey

YEAR	G	AB	R	H	2B	3B	HR	RBI	AVG.	TB	BB	SO	SB	GDP
1961	133	460	70	139	24	1	17	55	.302	216	53	65	3	18
1962	148	522	58	146	20	3	11	57	.280	205	57	48	0	18
1963	147	508	64	145	17	1	26	84	.285	242	61	75	0	16
1964	131	405	33	110	17	1	12	52	.272	165	51	49	1	23
1965	131	394	36	117	22	2	6	60	.297	161	50	23	0	7
1966	115	364	30	93	12	1	4	34	.255	119	43	30	4	15
1967	48	109	6	18	3	1	0	8	.165	23	13	24	1	4

Don Baylor

YEAR	G	AB	R	H	2B	3B	HR	RBI	AVG.	TB	BB	SO	SB	GDP
1987	20	49	3	14	1	0	0	6	.286	15	5	12	0	3

Billy Beane

YEAR	G	AB	R	H	2B	3B	HR	RBI	AVG.	TB	BB	SO	SB	GDP
1986	80	183	20	39	6	0	3	15	.213	54	11	54	2	6
1987	12	15	1	4	2	0	0	1	.267	6	0	6	0	0

Rich Becker

YEAR	G	AB	R	H	2B	3B	HR	RBI	AVG.	TB	BB	SO	SB	GDP
1993	3	7	3	2	2	0	0	0	.286	4	5	4	1	0
1994	28	98	12	26	3	0	1	8	.265	32	13	25	6	2

Rich Becker (cont.)

YEAR	G	AB	R	H	2B	3B	HR	RBI	AVG.	TB	BB	SO	SB	GDP
1995	106	392	45	93	15	1	2	33	.237	116	34	95	8	9
1996	148	525	92	153	31	4	12	71	.291	228	68	118	19	14
1997	132	443	61	117	22	3	10	45	.264	175	62	130	17	4

Julio Becquer

YEAR	G	AB	R	H	2B	3B	HR	RBI	AVG.	TB	BB	SO	SB	GDP
1961	57	84	13	20	1	2	5	18	.238	40	2	12	0	1
1963	1	0	1	0	0	0	0	0	....	0	0	0	0	0

YEAR	G	GS	CG	W	L	SHO	SV	IP	H	R	ER	ERA	HR	BB	SO
1961	1	0	0	0	0	0	-	1	4	3	3	27.00	0	1	0

Steve Bedrosian

YEAR	G	GS	CG	W	L	SHO	SV	IP	H	R	ER	ERA	HR	BB	SO
1991	56	0	0	5	3	0	6	77.1	70	42	38	4.42	11	35	44

Erik Bennett

YEAR	G	GS	CG	W	L	SHO	SV	IP	H	R	ER	ERA	HR	BB	SO
1996	24	0	0	2	0	0	1	27.1	33	24	24	7.90	7	16	13

Juan Berenguer

YEAR	G	GS	CG	W	L	SHO	SV	IP	H	R	ER	ERA	HR	BB	SO
1987	47	6	0	8	1	0	4	112	100	51	49	3.94	10	47	110
1988	57	1	0	8	4	0	2	100	74	44	44	3.96	7	61	99
1989	56	0	0	9	3	0	3	106	96	44	41	3.48	11	47	93
1990	51	0	0	8	5	0	0	100.1	85	43	38	3.41	9	58	77

Reno Bertoia

YEAR	G	AB	R	H	2B	3B	HR	RBI	AVG.	TB	BB	SO	SB	GDP
1961	35	104	17	22	2	0	1	8	.212	27	20	12	0	3

Karl Best

YEAR	G	GS	CG	W	L	SHO	SV	IP	H	R	ER	ERA	HR	BB	SO
1988	11	0	0	0	0	0	0	12	15	9	8	6.00	1	7	9

Bill Bethea

YEAR	G	AB	R	H	2B	3B	HR	RBI	AVG.	TB	BB	SO	SB	GDP
1964	10	30	4	5	1	0	0	2	.167	6	4	4	0	0

Jeff Bittiger

YEAR	G	GS	CG	W	L	SHO	SV	IP	H	R	ER	ERA	HR	BB	SO
1987	3	1	0	1	0	0	0	8.1	11	5	5	5.40	2	0	5

Bud Bloomfield

YEAR	G	AB	R	H	2B	3B	HR	RBI	AVG.	TB	BB	SO	SB	GDP
1964	7	7	1	1	0	0	0	0	.143	1	0	0	0	0

Bert Blyleven

YEAR	G	AB	R	H	2B	3B	HR	RBI	AVG.	TB	BB	SO	SB	GDP
1970	27	50	2	7	0	0	0	1	.140	7	1	25	0	0
1971	38	91	3	12	1	0	0	2	.132	13	1	37	0	0
1972	39	94	9	15	2	0	0	6	.160	17	2	36	0	1

YEAR	G	GS	CG	W	L	SHO	SV	IP	H	R	ER	ERA	HR	BB	SO
1970	27	25	5	10	9	1	0	164	143	66	58	3.18	17	47	135
1971	38	38	17	16	15	5	0	278.1	267	95	87	2.82	21	59	224
1972	39	38	11	17	17	3	0	287.1	247	93	87	2.73	22	69	228
1973	40	40	25	20	17	9	0	325	296	109	91	2.52	16	67	258
1974	37	37	19	17	17	3	0	281	244	99	83	2.66	14	77	249
1975	35	35	20	15	10	3	0	275.2	219	104	92	3.00	24	84	233
1976	12	12	4	4	5	0	0	95.1	101	39	33	3.13	3	35	75
1985	14	14	9	8	5	1	0	114	101	45	38	3.00	9	26	77
1986	36	36	16	17	14	3	0	271.2	262	134	121	4.01	50	58	215
1987	37	37	8	15	12	1	0	267	249	132	119	4.01	46	101	196
1988	33	33	7	10	17	0	0	207.1	240	128	125	5.43	21	51	145

Walter Bond

YEAR	G	AB	R	H	2B	3B	HR	RBI	AVG.	TB	BB	SO	SB	GDP
1967	10	16	4	5	1	0	1	5	.313	9	3	1	0	0

Joe Bonikowski

YEAR	G	AB	R	H	2B	3B	HR	RBI	AVG.	TB	BB	SO	SB	GDP
1962	29	27	3	4	0	0	0	0	.148	4	1	15	0	0

YEAR	G	GS	CG	W	L	SHO	SV	IP	H	R	ER	ERA	HR	BB	SO
1962	30	13	3	5	7	0	1	99.2	95	47	43	3.88	6	38	45

Greg Booker

YEAR	G	GS	CG	W	L	SHO	SV	IP	H	R	ER	ERA	HR	BB	SO
1989	6	0	0	0	0	0	0	8.2	11	4	4	4.15	1	2	3

Glenn Borgmann

YEAR	G	AB	R	H	2B	3B	HR	RBI	AVG.	TB	BB	SO	SB	GDP
1972	56	175	11	41	4	0	3	14	.234	54	25	25	0	4
1973	12	34	7	9	2	0	0	9	.265	11	6	10	0	0
1974	128	345	33	87	8	1	3	45	.252	106	39	44	2	9
1975	125	352	34	73	15	2	2	33	.207	98	47	59	0	10
1976	24	65	10	16	3	0	1	6	.246	22	19	7	1	2
1977	17	43	12	11	1	0	2	7	.256	18	11	9	0	1
1978	49	123	16	26	4	1	3	15	.211	41	18	17	0	0
1979	31	70	4	14	3	0	0	8	.200	17	12	11	1	3

Paul Boris

YEAR	G	GS	CG	W	L	SHO	SV	IP	H	R	ER	ERA	HR	BB	SO
1982	23	0	0	1	2	0	0	49.2	46	24	22	3.99	8	19	30

LYMAN BOSTOCK

YEAR	G	AB	R	H	2B	3B	HR	RBI	AVG.	TB	BB	SO	SB	GDP
1975	98	369	52	104	21	5	0	29	.282	135	28	42	2	7
1976	128	474	75	153	21	9	4	60	.323	204	33	37	12	15
1977	153	593	104	199	36	12	14	90	.336	301	51	59	16	16

DAVE BOSWELL

YEAR	G	AB	R	H	2B	3B	HR	RBI	AVG.	TB	BB	SO	SB	GDP
1964	4	9	1	2	0	0	0	1	.222	2	0	2	0	0
1965	36	38	7	12	0	1	0	1	.316	14	1	6	0	1
1966	32	63	4	9	1	0	0	3	.143	10	0	18	0	2
1967	44	73	12	16	2	1	1	3	.219	23	1	26	0	2
1968	37	60	9	14	3	1	1	4	.233	22	2	24	0	1
1969	40	94	7	16	2	1	2	9	.170	26	2	29	0	3
1970	20	25	0	4	1	0	0	0	.160	5	0	11	0	0

YEAR	G	GS	CG	W	L	SHO	SV	IP	H	R	ER	ERA	HR	BB	SO
1964	4	4	0	2	0	0	0	23.1	21	11	11	4.30	4	12	25
1965	27	12	1	6	5	0	0	106	77	43	40	3.40	20	46	85
1966	28	21	8	12	5	1	0	169.1	120	66	59	3.14	19	65	173
1967	37	32	11	14	12	3	0	222.2	162	84	81	3.27	14	107	204
1968	34	28	7	10	13	2	0	190	148	79	70	3.32	19	87	143
1969	39	38	10	20	12	0	0	256.1	215	105	92	3.23	18	99	190
1970	18	15	0	3	7	0	0	68.2	80	55	49	6.39	12	44	45

PAT BOURQUE

YEAR	G	AB	R	H	2B	3B	HR	RBI	AVG.	TB	BB	SO	SB	GDP
1974	23	64	5	14	2	0	1	8	.219	19	7	11	0	2

SHANE BOWERS

YEAR	G	GS	CG	W	L	SHO	SV	IP	H	R	ER	ERA	HR	BB	SO
1997	5	5	0	0	3	0	0	19	27	20	17	8.05	2	8	7

DARRELL BRANDON

YEAR	G	AB	R	H	2B	3B	HR	RBI	AVG.	TB	BB	SO	SB	GDP
1969	3	1	0	0	0	0	0	0	.000	0	1	0	0	0

YEAR	G	GS	CG	W	L	SHO	SV	IP	H	R	ER	ERA	HR	BB	SO
1969	3	0	0	0	0	0	0	3.1	5	3	1	3.00	1	3	1

STEVE BRAUN

YEAR	G	AB	R	H	2B	3B	HR	RBI	AVG.	TB	BB	SO	SB	GDP
1971	128	343	51	87	12	2	5	35	.254	118	48	50	8	8
1972	121	402	40	116	21	0	2	50	.289	143	45	38	4	14
1973	115	361	46	102	28	5	6	42	.283	158	74	48	4	9
1974	129	453	53	127	12	1	8	40	.280	165	56	51	4	6
1975	136	453	70	137	18	3	11	45	.302	194	66	55	0	8
1976	122	417	73	120	12	3	3	61	.288	147	67	43	12	5

PLAYER STATISTICS

Brent Brede

YEAR	G	AB	R	H	2B	3B	HR	RBI	AVG.	TB	BB	SO	SB	GDP
1996	10	20	2	6	0	1	0	2	.300	8	1	5	0	1
1997	61	190	25	52	11	1	3	21	.274	74	21	38	7	1

Ken Brett

YEAR	G	GS	CG	W	L	SHO	SV	IP	H	R	ER	ERA	HR	BB	SO
1979	9	0	0	0	0	0	0	12.2	16	7	7	4.85	1	6	3

John Briggs

YEAR	G	AB	R	H	2B	3B	HR	RBI	AVG.	TB	BB	SO	SB	GDP
1975	87	264	44	61	9	2	7	39	.231	95	60	41	6	1

Bernardo Brito

YEAR	G	AB	R	H	2B	3B	HR	RBI	AVG.	TB	BB	SO	SB	GDP
1992	8	14	1	2	1	0	0	2	.143	3	0	4	0	0
1993	27	54	8	13	2	0	4	9	.241	27	1	20	0	1
1995	5	5	1	1	0	0	1	1	.200	4	0	3	0	1

Darrell Brown

YEAR	G	AB	R	H	2B	3B	HR	RBI	AVG.	TB	BB	SO	SB	GDP
1983	91	309	40	84	6	2	0	22	.272	94	10	28	3	9
1984	95	260	36	71	9	3	1	19	.273	89	14	16	4	5

Jarvis Brown

YEAR	G	AB	R	H	2B	3B	HR	RBI	AVG.	TB	BB	SO	SB	GDP
1991	38	37	10	8	0	0	0	0	.216	8	2	8	7	0
1992	35	15	8	1	0	0	0	0	.067	1	2	4	2	0

Mark Brown

YEAR	G	GS	CG	W	L	SHO	SV	IP	H	R	ER	ERA	HR	BB	SO
1985	6	0	0	0	0	0	0	15.2	21	13	12	6.89	1	7	5

Fred Bruckbauer

YEAR	G	GS	CG	W	L	SHO	SV	IP	H	R	ER	ERA	HR	BB	SO
1961	1	0	0	0	0	0	0	-	0	3	3	3 Infinity	0	1	0

J. T. Bruett

YEAR	G	AB	R	H	2B	3B	HR	RBI	AVG.	TB	BB	SO	SB	GDP
1992	56	76	7	19	4	0	0	2	.250	23	6	12	6	0
1993	17	20	2	5	2	0	0	1	.250	7	1	4	0	1

Greg Brummett

YEAR	G	GS	CG	W	L	SHO	SV	IP	H	R	ER	ERA	HR	BB	SO
1993	5	5	0	2	1	0	0	26.2	29	17	17	5.74	3	15	10

Tom Brunansky

YEAR	G	AB	R	H	2B	3B	HR	RBI	AVG.	TB	BB	SO	SB	GDP
1982	127	463	77	126	30	1	20	46	.272	218	71	101	1	12
1983	151	542	70	123	24	5	28	82	.227	241	61	95	2	13
1984	155	567	75	144	21	0	32	85	.254	261	57	94	4	15
1985	157	567	71	137	28	4	27	90	.242	254	71	86	5	12
1986	157	593	69	152	28	1	23	75	.256	251	53	98	12	15
1987	155	532	83	138	22	2	32	85	.259	260	74	104	11	12
1988	14	49	5	9	1	0	1	6	.184	13	7	11	1	0

Steve Brye

YEAR	G	AB	R	H	2B	3B	HR	RBI	AVG.	TB	BB	SO	SB	GDP
1970	9	11	1	2	1	0	0	2	.182	3	2	4	0	0
1971	28	107	10	24	1	0	3	11	.224	34	7	15	3	4
1972	100	253	18	61	9	3	0	12	.241	76	17	38	3	5
1973	92	278	39	73	9	5	6	33	.263	110	35	43	3	4
1974	135	488	52	138	32	1	2	41	.283	178	22	59	1	12
1975	86	246	41	62	13	1	9	34	.252	104	21	37	2	6
1976	87	258	33	68	11	0	2	23	.264	85	13	31	1	7

Terry Bulling

YEAR	G	AB	R	H	2B	3B	HR	RBI	AVG.	TB	BB	SO	SB	GDP
1977	15	32	2	5	1	0	0	5	.156	6	5	5	0	1

Eric Bullock

YEAR	G	AB	R	H	2B	3B	HR	RBI	AVG.	TB	BB	SO	SB	GDP
1988	16	17	3	5	0	0	0	3	.294	5	3	1	1	0

Tom Burgmeier

YEAR	G	AB	R	H	2B	3B	HR	RBI	AVG.	TB	BB	SO	SB	GDP
1974	1	0	0	0	0	0	0	0	....	0	0	0	0	0
1975	1	0	0	0	0	0	0	0	....	0	0	0	0	0

YEAR	G	GS	CG	W	L	SHO	SV	IP	H	R	ER	ERA	HR	BB	SO
1974	50	0	0	5	3	0	4	91.2	92	46	46	4.50	7	26	34
1975	46	0	0	5	8	0	11	75.2	76	32	26	3.08	7	23	41
1976	57	0	0	8	1	0	1	115.1	95	36	32	2.50	11	29	45
1977	61	0	0	6	4	0	7	97.1	113	56	55	5.10	15	33	35

Dennis Burtt

YEAR	G	GS	CG	W	L	SHO	SV	IP	H	R	ER	ERA	HR	BB	SO
1985	5	2	0	2	2	0	0	28.1	20	13	12	3.81	2	7	9
1986	3	0	0	0	0	0	0	2	7	7	7	31.50	1	3	1

Randy Bush

YEAR	G	AB	R	H	2B	3B	HR	RBI	AVG.	TB	BB	SO	SB	GDP
1982	55	119	13	29	6	1	4	13	.244	49	8	28	0	1
1983	124	373	43	93	24	3	11	56	.249	156	34	51	0	7

PLAYER STATISTICS

Randy Bush (cont.)

YEAR	G	AB	R	H	2B	3B	HR	RBI	AVG.	TB	BB	SO	SB	GDP
1984	113	311	46	69	17	1	11	43	.222	121	31	60	1	1
1985	97	234	26	56	13	3	10	35	.239	105	24	30	3	3
1986	130	357	50	96	19	7	7	45	.269	150	39	63	5	7
1987	122	293	46	74	10	2	11	46	.253	121	43	49	10	6
1988	136	394	51	103	20	3	14	51	.261	171	58	49	8	8
1989	141	391	60	103	17	4	14	54	.263	170	48	73	5	16
1990	73	181	17	44	8	0	6	18	.243	70	21	27	0	2
1991	93	165	21	50	10	1	6	23	.303	80	24	25	0	5
1992	100	182	14	39	8	1	2	22	.214	55	11	37	1	5
1993	35	45	1	7	2	0	0	3	.156	9	7	13	0	3

John Butcher

YEAR	G	GS	CG	W	L	SHO	SV	IP	H	R	ER	ERA	HR	BB	SO
1984	34	34	8	13	11	1	0	225	242	98	86	3.44	18	53	83
1985	34	33	8	11	14	2	0	207.2	239	125	115	4.98	24	43	92
1986	16	10	1	0	3	0	0	70	82	50	49	6.30	11	24	29

Sal Butera

YEAR	G	AB	R	H	2B	3B	HR	RBI	AVG.	TB	BB	SO	SB	GDP
1980	34	85	4	23	1	0	0	2	.271	24	3	6	0	4
1981	62	167	13	40	7	1	0	18	.240	49	22	14	0	8
1982	54	126	9	32	2	0	0	8	.254	34	17	12	0	6
1987	51	111	7	19	5	0	1	12	.171	27	7	16	0	7

Bill Butler

YEAR	G	GS	CG	W	L	SHO	SV	IP	H	R	ER	ERA	HR	BB	SO
1974	26	12	2	4	6	0	1	98.2	91	47	45	4.09	9	56	79
1975	23	8	1	5	4	0	0	81.2	100	61	54	5.93	12	35	55
1977	6	4	0	0	1	0	0	21	19	17	16	6.86	5	15	5

Bill Campbell

YEAR	G	AB	R	H	2B	3B	HR	RBI	AVG.	TB	BB	SO	SB	GDP
1975	1	1	0	0	0	0	0	0	.000	0	0	1	0	0

YEAR	G	GS	CG	W	L	SHO	SV	IP	H	R	ER	ERA	HR	BB	SO
1973	28	2	0	3	3	0	7	51.2	44	20	18	3.11	5	20	42
1974	63	0	0	8	7	0	19	120.1	109	37	35	2.63	4	55	89
1975	47	7	2	4	6	1	5	121	119	58	51	3.79	13	46	76
1976	78	0	0	17	5	0	20	167.2	145	63	56	3.00	9	62	115

Kevin Campbell

YEAR	G	GS	CG	W	L	SHO	SV	IP	H	R	ER	ERA	HR	BB	SO
1994	14	0	0	1	0	0	0	24.2	20	8	8	2.92	2	5	15
1995	6	0	0	0	0	0	0	9.2	8	5	5	4.66	0	5	5

Sal Campisi

YEAR	G	AB	R	H	2B	3B	HR	RBI	AVG.	TB	BB	SO	SB	GDP
1971	6	0	0	0	0	0	0	0	....	0	0	0	0	0

YEAR	G	GS	CG	W	L	SHO	SV	IP	H	R	ER	ERA	HR	BB	SO
1971	6	0	0	0	0	0	0	4.1	5	2	2	4.50	1	4	2

John Candelaria

YEAR	G	GS	CG	W	L	SHO	SV	IP	H	R	ER	ERA	HR	BB	SO
1990	34	1	0	7	3	0	4	58.1	55	23	22	3.39	9	9	44

Leo Cardenas

YEAR	G	AB	R	H	2B	3B	HR	RBI	AVG.	TB	BB	SO	SB	GDP
1969	160	578	67	162	24	4	10	70	.280	224	66	96	5	19
1970	160	588	67	145	34	4	11	65	.247	220	42	101	2	11
1971	153	554	59	146	25	4	18	75	.264	233	51	69	3	16

Rod Carew

YEAR	G	AB	R	H	2B	3B	HR	RBI	AVG.	TB	BB	SO	SB	GDP
1967	137	514	66	150	22	7	8	51	.292	210	37	91	5	12
1968	127	461	46	126	27	2	1	42	.273	160	26	71	12	11
1969	123	458	79	152	30	4	8	56	.332	214	37	72	19	7
1970	51	191	27	70	12	3	4	28	.366	100	11	28	4	1
1971	147	577	88	177	16	10	2	48	.307	219	45	81	6	23
1972	142	535	61	170	21	6	0	51	.318	203	43	60	12	11
1973	149	580	98	203	30	11	6	62	.350	273	62	55	41	16
1974	153	599	86	218	30	5	3	55	.364	267	74	49	38	17
1975	143	535	89	192	24	4	14	80	.359	266	64	40	35	10
1976	156	605	97	200	29	12	9	90	.331	280	67	52	49	12
1977	155	616	128	239	38	16	14	100	.388	351	69	55	23	6
1978	152	564	85	188	26	10	5	70	.333	249	78	62	27	18

Steve Carlton

YEAR	G	GS	CG	W	L	SHO	SV	IP	H	R	ER	ERA	HR	BB	SO
1987	9	7	0	1	5	0	0	43	54	35	32	6.70	7	23	20
1988	4	1	0	0	1	0	0	9.2	20	19	18	16.76	5	5	5

Don Carrithers

YEAR	G	GS	CG	W	L	SHO	SV	IP	H	R	ER	ERA	HR	BB	SO
1977	7	0	0	0	1	0	0	14.1	16	13	11	7.07	2	6	3

Larry Casian

YEAR	G	GS	CG	W	L	SHO	SV	IP	H	R	ER	ERA	HR	BB	SO
1990	5	3	0	2	1	0	0	22.1	26	9	8	3.22	2	4	11
1991	15	0	0	0	0	0	0	18.1	28	16	15	7.36	4	7	6
1992	6	0	0	1	0	0	0	6.2	7	2	2	2.70	0	1	2
1993	54	0	0	5	3	0	1	56.2	59	23	19	3.02	1	14	31
1994	33	0	0	1	3	0	1	40.2	57	34	32	7.08	11	12	18

PLAYER STATISTICS

BOBBY CASTILLO

YEAR	G	GS	CG	W	L	SHO	SV	IP	H	R	ER	ERA	HR	BB	SO
1982	40	25	6	13	11	1	0	218.2	194	96	89	3.66	26	85	123
1983	27	25	3	8	12	0	0	158.1	170	91	84	4.77	17	65	90
1984	10	2	0	2	1	0	0	25.1	14	7	5	1.78	2	19	7

CARMELO CASTILLO

YEAR	G	AB	R	H	2B	3B	HR	RBI	AVG.	TB	BB	SO	SB	GDP
1989	94	218	23	56	13	3	8	33	.257	99	15	40	1	5
1990	64	137	11	30	4	0	0	12	.219	34	3	23	0	1
1991	9	12	0	2	0	1	0	0	.167	4	0	2	0	0

JOHN CASTINO

YEAR	G	AB	R	H	2B	3B	HR	RBI	AVG.	TB	BB	SO	SB	GDP
1979	148	393	49	112	13	8	5	52	.285	156	27	72	5	9
1980	150	546	67	165	17	7	13	64	.302	235	29	67	7	15
1981	101	381	41	102	13	9	6	36	.268	151	18	52	4	3
1982	117	410	48	99	12	6	6	37	.241	141	36	51	2	11
1983	142	563	83	156	30	4	11	57	.277	227	62	54	4	11
1984	8	27	5	12	1	0	0	3	.444	13	5	2	0	2

DEAN CHANCE

YEAR	G	AB	R	H	2B	3B	HR	RBI	AVG.	TB	BB	SO	SB	GDP
1967	41	92	2	3	0	0	0	0	.033	3	7	58	0	1
1968	43	93	0	5	0	0	0	3	.054	5	3	63	0	0
1969	20	24	1	1	0	0	0	1	.042	1	2	19	0	0

YEAR	G	GS	CG	W	L	SHO	SV	IP	H	R	ER	ERA	HR	BB	SO
1967	41	39	18	20	14	5	1	283.2	244	109	86	2.73	17	68	220
1968	43	39	15	16	16	6	0	292	224	96	82	2.53	15	63	234
1969	20	15	1	5	4	0	0	88.1	76	39	29	2.97	6	35	50

RICH CHILES

YEAR	G	AB	R	H	2B	3B	HR	RBI	AVG.	TB	BB	SO	SB	GDP
1977	108	261	31	69	16	1	3	36	.264	96	23	17	0	5
1978	87	198	22	53	12	0	1	22	.268	68	20	25	1	9

JOHN CHRISTENSEN

YEAR	G	AB	R	H	2B	3B	HR	RBI	AVG.	TB	BB	SO	SB	GDP
1988	23	38	5	10	4	0	0	5	.263	14	3	5	0	1

PETE CIMINO

YEAR	G	AB	R	H	2B	3B	HR	RBI	AVG.	TB	BB	SO	SB	GDP
1965	1	0	0	0	0	0	0	0	....	0	0	0	0	0
1966	35	6	0	0	0	0	0	0	.000	0	1	4	0	0

Pete Cimino (cont.)

YEAR	G	GS	CG	W	L	SHO	SV	IP	H	R	ER	ERA	HR	BB	SO
1965	1	0	0	0	0	0	0	1	0	0	0	0.00	0	0	0
1966	35	0	0	2	5	0	3	64.2	53	27	21	2.91	4	30	57

Gerald Clark

YEAR	G	AB	R	H	2B	3B	HR	RBI	AVG.	TB	BB	SO	SB	GDP
1995	36	109	17	37	8	3	3	15	.339	60	2	11	3	5

Ron Clark

YEAR	G	AB	R	H	2B	3B	HR	RBI	AVG.	TB	BB	SO	SB	GDP
1966	5	1	1	1	0	0	0	1	1.000	1	0	0	0	0
1967	20	60	7	10	3	1	2	11	.167	21	4	9	0	3
1968	104	227	14	42	5	1	1	13	.185	52	16	44	3	2
1969	5	8	0	1	0	0	0	0	.125	1	0	0	0	1

Greg Colbrunn

YEAR	G	AB	R	H	2B	3B	HR	RBI	AVG.	TB	BB	SO	SB	GDP
1997	70	217	24	61	14	0	5	26	0.281	90	8	38	1	7

Alex Cole

YEAR	G	AB	R	H	2B	3B	HR	RBI	AVG.	TB	BB	SO	SB	GDP
1994	105	345	68	102	15	5	4	23	.296	139	44	60	29	3
1995	28	79	10	27	3	2	1	14	.342	37	8	15	1	0

Jackie Collum

YEAR	G	AB	R	H	2B	3B	HR	RBI	AVG.	TB	BB	SO	SB	GDP
1962	8	4	0	0	0	0	0	1	.000	0	0	1	0	0

YEAR	G	GS	CG	W	L	SHO	SV	IP	H	R	ER	ERA	HR	BB	SO
1962	8	3	0	0	2	0	0	15.1	29	22	19	11.15	1	11	5

Keith Comstock

YEAR	G	GS	CG	W	L	SHO	SV	IP	H	R	ER	ERA	HR	BB	SO
1984	4	0	0	0	0	0	0	6.1	6	6	6	8.53	2	4	2

Billy Consolo

YEAR	G	AB	R	H	2B	3B	HR	RBI	AVG.	TB	BB	SO	SB	GDP
1961	11	6	0	0	0	0	0	0	.000	0	0	1	0	1

Mike Cook

YEAR	G	GS	CG	W	L	SHO	SV	IP	H	R	ER	ERA	HR	BB	SO
1989	15	0	0	0	1	0	0	21.1	22	12	12	5.06	1	17	15

Ron Coomer

YEAR	G	AB	R	H	2B	3B	HR	RBI	AVG.	TB	BB	SO	SB	GDP
1995	37	101	15	26	3	1	5	19	.257	46	9	11	0	9
1996	95	233	34	69	12	1	12	41	.296	119	17	24	3	10

Ron Coomer (cont.)

YEAR	G	AB	R	H	2B	3B	HR	RBI	AVG.	TB	BB	SO	SB	GDP
1997	140	523	63	156	30	2	13	85	.298	229	22	91	4	11

Don Cooper

YEAR	G	GS	CG	W	L	SHO	SV	IP	H	R	ER	ERA	HR	BB	SO
1981	27	2	0	1	5	0	0	58.2	61	33	28	4.27	9	32	33
1982	6	1	0	0	1	0	0	11.1	14	12	12	9.53	0	11	5

Doug Corbett

YEAR	G	GS	CG	W	L	SHO	SV	IP	H	R	ER	ERA	HR	BB	SO
1980	78	0	0	8	6	0	23	136.1	102	31	30	1.99	7	42	89
1981	54	0	0	2	6	0	17	87.2	80	29	25	2.56	5	34	60
1982	10	0	0	0	2	0	3	22	27	13	13	5.32	3	10	15

Ray Corbin

YEAR	G	AB	R	H	2B	3B	HR	RBI	AVG.	TB	BB	SO	SB	GDP
1971	52	34	3	7	0	0	0	2	.206	7	2	17	0	0
1972	34	49	1	4	1	0	0	2	.082	5	2	19	0	1

YEAR	G	GS	CG	W	L	SHO	SV	IP	H	R	ER	ERA	HR	BB	SO
1971	52	11	2	8	11	0	3	140.1	141	74	64	4.11	19	70	83
1972	31	19	5	8	9	3	0	161.2	135	56	47	2.61	12	53	83
1973	51	7	1	8	5	0	14	148.1	124	58	50	3.04	7	60	83
1974	29	15	1	7	6	0	0	112.1	133	78	66	5.30	8	40	50
1975	18	11	3	5	7	0	0	89.2	105	59	51	5.10	13	38	49

Tim Corcoran

YEAR	G	AB	R	H	2B	3B	HR	RBI	AVG.	TB	BB	SO	SB	GDP
1981	22	51	4	9	3	0	0	4	.176	12	6	7	0	3

Marty Cordova

YEAR	G	AB	R	H	2B	3B	HR	RBI	AVG.	TB	BB	SO	SB	GDP
1995	137	512	81	142	27	4	24	84	.277	249	52	111	20	10
1996	145	569	97	176	46	1	16	111	.309	272	53	96	11	18
1997	103	378	44	93	18	4	15	51	.246	164	30	92	5	13

Jerry Crider

YEAR	G	AB	R	H	2B	3B	HR	RBI	AVG.	TB	BB	SO	SB	GDP
1969	21	9	3	4	2	0	0	0	.444	6	0	2	0	0

YEAR	G	GS	CG	W	L	SHO	SV	IP	H	R	ER	ERA	HR	BB	SO
1969	21	1	0	1	0	0	1	28.2	31	15	15	4.66	3	15	16

Mike Cubbage

YEAR	G	AB	R	H	2B	3B	HR	RBI	AVG.	TB	BB	SO	SB	GDP
1976	104	342	40	89	19	5	3	49	.260	127	42	37	1	10
1977	129	417	60	110	16	5	9	55	.264	163	37	49	1	4

Mike Cubbage (cont.)

YEAR	G	AB	R	H	2B	3B	HR	RBI	AVG.	TB	BB	SO	SB	GDP
1978	125	394	40	111	12	7	7	57	.282	158	40	44	3	7
1979	94	243	26	67	10	1	2	23	.276	85	39	26	1	2
1980	103	285	29	70	9	0	8	42	.246	103	23	37	0	4

Bert Cueto

YEAR	G	AB	R	H	2B	3B	HR	RBI	AVG.	TB	BB	SO	SB	GDP
1961	4	5	1	0	0	0	0	0	.000	0	1	1	0	0

YEAR	G	GS	CG	W	L	SHO	SV	IP	H	R	ER	ERA	HR	BB	SO
1961	7	5	0	1	3	0	-	21.1	27	24	17	8.18	7	10	5

Bill Dailey

YEAR	G	AB	R	H	2B	3B	HR	RBI	AVG.	TB	BB	SO	SB	GDP
1963	66	21	2	5	0	0	1	4	.238	8	2	10	0	1
1964	14	0	0	0	0	0	0	0	...	0	0	0	0	0

YEAR	G	GS	CG	W	L	SHO	SV	IP	H	R	ER	ERA	HR	BB	SO
1963	66	0	0	6	3	0	13	108.2	80	26	24	1.98	9	19	72
1964	14	0	0	1	2	0	0	15.1	23	16	14	8.40	3	18	6

Bob Darwin

YEAR	G	AB	R	H	2B	3B	HR	RBI	AVG.	TB	BB	SO	SB	GDP
1972	145	513	48	137	20	2	22	80	.267	227	38	145	2	24
1973	145	560	69	141	20	2	18	90	.252	219	46	137	5	22
1974	152	575	67	152	13	7	25	94	.264	254	37	127	1	12
1975	48	169	26	37	6	0	5	18	.219	58	18	44	2	8

Andre David

YEAR	G	AB	R	H	2B	3B	HR	RBI	AVG.	TB	BB	SO	SB	GDP
1984	33	48	5	12	2	0	1	5	.250	17	7	11	0	2
1986	5	5	0	1	0	0	0	0	.200	1	0	2	0	0

Mark Davidson

YEAR	G	AB	R	H	2B	3B	HR	RBI	AVG.	TB	BB	SO	SB	GDP
1986	36	68	5	8	3	0	0	2	.118	11	6	22	2	1
1987	102	150	32	40	4	1	1	14	.267	49	13	26	9	4
1988	100	106	22	23	7	0	1	10	.217	33	10	20	3	3

Chili Davis

YEAR	G	AB	R	H	2B	3B	HR	RBI	AVG.	TB	BB	SO	SB	GDP
1991	153	534	84	148	34	1	29	93	.277	271	95	117	5	9
1992	138	444	63	128	27	2	12	66	.288	195	73	76	4	11

Ron Davis

YEAR	G	GS	CG	W	L	SHO	SV	IP	H	R	ER	ERA	HR	BB	SO
1982	63	0	0	3	9	0	22	106	106	53	52	4.42	16	47	89

PLAYER STATISTICS

Ron Davis (cont.)

YEAR	G	GS	CG	W	L	SHO	SV	IP	H	R	ER	ERA	HR	BB	SO
1983	66	0	0	5	8	0	30	89	89	34	33	3.34	6	33	84
1984	64	0	0	7	11	0	29	83	79	44	42	4.55	11	41	74
1985	57	0	0	2	6	0	25	64.2	55	28	25	3.48	7	35	72
1986	36	0	0	2	6	0	2	38.2	55	42	39	9.08	7	29	30

Joe Decker

YEAR	G	GS	CG	W	L	SHO	SV	IP	H	R	ER	ERA	HR	BB	SO
1973	29	24	6	10	10	3	0	170.1	167	87	79	4.19	12	88	109
1974	37	37	11	16	14	1	0	248.2	234	105	91	3.29	24	97	158
1975	10	7	1	1	3	0	0	26.1	25	25	25	8.65	2	36	8
1976	13	12	0	2	7	0	0	58	60	37	34	5.28	3	51	35

Rick Dempsey

YEAR	G	AB	R	H	2B	3B	HR	RBI	AVG.	TB	BB	SO	SB	GDP
1969	5	6	1	3	1	0	0	0	.500	4	1	0	0	0
1970	5	7	1	0	0	0	0	0	.000	0	1	1	0	1
1971	6	13	2	4	1	0	0	0	.308	5	1	1	0	1
1972	25	40	0	8	1	0	0	0	.200	9	6	8	0	2

Jim Deshaies

YEAR	G	GS	CG	W	L	SHO	SV	IP	H	R	ER	ERA	HR	BB	SO
1993	27	27	1	11	13	0	0	167.1	159	85	82	4.41	24	51	80
1994	25	25	0	6	12	0	0	130.1	170	109	107	7.39	30	54	78

Dan Dobbek

YEAR	G	AB	R	H	2B	3B	HR	RBI	AVG.	TB	BB	SO	SB	GDP
1961	72	125	12	21	3	1	4	14	.168	38	13	18	1	2

Jim Donohue

YEAR	G	AB	R	H	2B	3B	HR	RBI	AVG.	TB	BB	SO	SB	GDP
1962	6	2	0	0	0	0	0	0	.000	0	0	1	0	0

YEAR	G	GS	CG	W	L	SHO	SV	IP	H	R	ER	ERA	HR	BB	SO
1962	6	1	0	0	1	0	1	10.1	12	8	8	6.97	2	6	3

Gary Dotter

YEAR	G	AB	R	H	2B	3B	HR	RBI	AVG.	TB	BB	SO	SB	GDP
1961	1	1	0	0	0	0	0	0	.000	0	0	0	0	0
1963	2	0	0	0	0	0	0	0	.000	0	0	0	0	0
1964	3	0	0	0	0	0	0	0	...	0	0	0	0	0

YEAR	G	GS	CG	W	L	SHO	SV	IP	H	R	ER	ERA	HR	BB	SO
1961	2	0	0	0	0	0	-	6	6	6	6	9.00	0	4	2
1963	2	0	0	0	0	0	0	2	0	0	0	0.00	0	0	2
1964	3	0	0	0	0	0	0	4.1	3	2	1	2.25	1	3	6

PLAYER STATISTICS

Tim Drummond

YEAR	G	GS	CG	W	L	SHO	SV	IP	H	R	ER	ERA	HR	BB	SO
1989	8	0	0	0	0	0	1	16.1	16	7	7	3.86	0	8	9
1990	35	4	0	3	5	0	1	91	104	46	44	4.35	8	36	49

Steve Dunn

YEAR	G	AB	R	H	2B	3B	HR	RBI	AVG.	TB	BB	SO	SB	GDP
1994	14	35	2	8	5	0	0	4	.229	13	1	12	0	1
1995	5	6	0	0	0	0	0	0	.000	0	1	3	0	0

Mike Durant

YEAR	G	AB	R	H	2B	3B	HR	RBI	AVG.	TB	BB	SO	SB	GDP
1996	40	81	15	17	3	0	0	5	.210	20	10	15	3	2

Jim Dwyer

YEAR	G	AB	R	H	2B	3B	HR	RBI	AVG.	TB	BB	SO	SB	GDP
1988	20	41	6	12	1	0	2	15	.293	19	13	8	0	1
1989	88	225	34	71	11	0	3	23	.316	91	28	23	2	6
1990	37	63	7	12	0	0	1	5	.190	15	12	7	0	2

Mike Dyer

YEAR	G	GS	CG	W	L	SHO	SV	IP	H	R	ER	ERA	HR	BB	SO
1989	16	12	1	4	7	0	0	71	74	43	38	4.82	2	37	37

Tom Edens

YEAR	G	GS	CG	W	L	SHO	SV	IP	H	R	ER	ERA	HR	BB	SO
1991	8	6	0	2	2	0	0	33	34	15	15	4.09	2	10	19
1992	52	0	0	6	3	0	3	76.1	65	26	24	2.83	1	36	57

Dave Edwards

YEAR	G	AB	R	H	2B	3B	HR	RBI	AVG.	TB	BB	SO	SB	GDP
1978	15	44	7	11	3	0	1	3	.250	17	7	13	1	0
1979	96	229	42	57	8	0	8	35	.249	89	24	45	6	5
1980	81	200	26	50	9	1	2	20	.250	67	12	51	2	6

Jim Eisenreich

YEAR	G	AB	R	H	2B	3B	HR	RBI	AVG.	TB	BB	SO	SB	GDP
1982	34	99	10	30	6	0	2	9	.303	42	11	13	0	1
1983	2	7	1	2	1	0	0	0	.286	3	1	1	0	0
1984	12	32	1	7	1	0	0	3	.219	8	2	4	2	1

Dave Engle

YEAR	G	AB	R	H	2B	3B	HR	RBI	AVG.	TB	BB	SO	SB	GDP
1981	82	248	29	64	14	4	5	32	.258	101	13	37	0	9
1982	58	186	20	42	7	2	4	16	.226	65	10	22	0	6
1983	120	374	46	114	22	4	8	43	.305	168	28	39	2	13
1984	109	391	56	104	20	1	4	38	.266	138	26	22	0	18
1985	70	172	28	44	8	2	7	25	.256	77	21	28	2	3

ROGER ERICKSON

YEAR	G	AB	R	H	2B	3B	HR	RBI	AVG.	TB	BB	SO	SB	GDP
1980	1	0	0	0	0	0	0	0	....	0	0	0	0	0

YEAR	G	GS	CG	W	L	SHO	SV	IP	H	R	ER	ERA	HR	BB	SO
1978	37	37	14	14	13	0	0	265.2	268	129	117	3.96	19	79	121
1979	24	21	0	3	10	0	0	123	154	86	77	5.63	17	48	47
1980	32	27	7	7	13	0	0	191.1	198	83	69	3.25	13	56	97
1981	14	14	1	3	8	0	0	91.1	93	48	39	3.86	7	31	44
1982	7	7	2	4	3	0	0	40.2	56	29	22	4.87	6	12	12

SCOTT ERICKSON

YEAR	G	GS	CG	W	L	SHO	SV	IP	H	R	ER	ERA	HR	BB	SO
1990	19	17	1	8	4	0	0	113	108	49	36	2.87	9	51	53
1991	32	32	5	20	8	3	0	204	189	80	72	3.18	13	71	108
1992	32	32	5	13	12	3	0	212	197	86	80	3.40	18	83	101
1993	34	34	1	8	19	0	0	218.2	266	138	126	5.19	17	71	116
1994	23	23	2	8	11	1	0	144	173	95	87	5.44	15	59	104
1995	15	15	0	4	6	0	0	87.2	102	61	58	5.95	11	32	45

ALVARO ESPINOZA

YEAR	G	AB	R	H	2B	3B	HR	RBI	AVG.	TB	BB	SO	SB	GDP
1985	32	57	5	15	2	0	0	9	.263	17	1	9	0	2
1986	37	42	4	9	1	0	0	1	.214	10	1	10	0	0

FRANK EUFEMIA

YEAR	G	GS	CG	W	L	SHO	SV	IP	H	R	ER	ERA	HR	BB	SO
1985	39	0	0	4	2	0	2	61.2	56	27	26	3.79	7	21	30

LENNY FAEDO

YEAR	G	AB	R	H	2B	3B	HR	RBI	AVG.	TB	BB	SO	SB	GDP
1980	5	8	1	2	1	0	0	0	.250	3	0	0	0	0
1981	12	41	3	8	0	1	0	6	.195	10	1	5	0	0
1982	90	255	16	62	8	0	3	22	.243	79	16	22	1	9
1983	51	173	16	48	7	0	1	18	.277	58	4	19	0	4
1984	16	52	6	13	1	0	1	6	.250	17	4	3	0	1

TERRY FELTON

YEAR	G	GS	CG	W	L	SHO	SV	IP	H	R	ER	ERA	HR	BB	SO
1979	1	0	0	0	0	0	0	2	0	0	0	0.00	0	0	1
1980	5	4	0	0	3	0	0	17.2	20	18	14	7.00	2	9	14
1981	1	0	0	0	0	0	0	1.1	4	6	6	54.00	1	2	1
1982	48	6	0	0	13	0	3	117.1	99	71	65	4.99	18	76	92

SERGIO FERRER

YEAR	G	AB	R	H	2B	3B	HR	RBI	AVG.	TB	BB	SO	SB	GDP
1974	24	57	12	16	0	2	0	0	.281	20	8	6	3	0
1975	32	81	14	20	3	1	0	2	.247	25	3	11	3	0

DAN FIFE

YEAR	G	GS	CG	W	L	SHO	SV	IP	H	R	ER	ERA	HR	BB	SO
1973	10	7	1	3	2	0	0	51.2	54	26	25	4.33	2	29	18
1974	4	0	0	0	0	0	0	4.2	10	11	9	16.20	0	4	3

PETE FILSON

YEAR	G	GS	CG	W	L	SHO	SV	IP	H	R	ER	ERA	HR	BB	SO
1982	5	3	0	0	2	0	0	12.1	17	12	12	8.76	2	8	10
1983	26	8	0	4	1	0	1	90	87	34	34	3.40	9	29	49
1984	55	7	0	6	5	0	1	118.2	106	56	54	4.10	14	54	59
1985	40	6	1	4	5	0	2	95.2	93	42	39	3.67	13	30	42
1986	4	0	0	0	0	0	0	6.1	13	4	4	5.68	1	2	4

BILL FISCHER

YEAR	G	AB	R	H	2B	3B	HR	RBI	AVG.	TB	BB	SO	SB	GDP
1964	0	0	0	0	0	0	0	0	...	0	0	0	0	0

YEAR	G	GS	CG	W	L	SHO	SV	IP	H	R	ER	ERA	HR	BB	SO
1964	9	0	0	0	1	0	0	7.1	16	6	6	7.71	2	4	2

RAY FONTENOT

YEAR	G	AB	R	H	2B	3B	HR	RBI	AVG.	TB	BB	SO	SB	GDP
1986	1	1	0	0	0	0	0	0	.000	0	0	1	0	0

YEAR	G	GS	CG	W	L	SHO	SV	IP	H	R	ER	ERA	HR	BB	SO
1986	15	0	0	0	0	0	0	16.1	27	19	18	9.92	3	4	10

DAN FORD

YEAR	G	AB	R	H	2B	3B	HR	RBI	AVG.	TB	BB	SO	SB	GDP
1975	130	440	72	123	21	1	15	59	.280	191	30	79	6	10
1976	145	514	87	137	24	7	20	86	.267	235	36	118	17	12
1977	144	453	66	121	25	7	11	60	.267	193	41	79	6	12
1978	151	592	78	162	36	10	11	82	.274	251	48	88	7	15

MIKE FORNIELES

YEAR	G	AB	R	H	2B	3B	HR	RBI	AVG.	TB	BB	SO	SB	GDP
1963	11	6	1	1	0	1	0	1	.167	3	0	3	0	0

YEAR	G	GS	CG	W	L	SHO	SV	IP	H	R	ER	ERA	HR	BB	SO
1963	11	0	0	1	1	0	0	22.2	24	14	12	4.76	0	13	7

JERRY FOSNOW

YEAR	G	AB	R	H	2B	3B	HR	RBI	AVG.	TB	BB	SO	SB	GDP
1964	7	0	0	0	0	0	0	0	...	0	0	0	0	0
1965	29	5	0	0	0	0	0	0	.000	0	0	4	0	0

YEAR	G	GS	CG	W	L	SHO	SV	IP	H	R	ER	ERA	HR	BB	SO
1964	7	0	0	0	1	0	0	10.2	13	13	13	10.64	3	8	9
1965	29	0	0	3	3	0	1	46.2	33	29	23	4.40	7	25	35

PLAYER STATISTICS

George Frazier

YEAR	G	GS	CG	W	L	SHO	SV	IP	H	R	ER	ERA	HR	BB	SO
1986	15	0	0	1	1	0	6	26.2	23	13	13	4.39	2	16	25
1987	54	0	0	5	5	0	2	81.1	77	49	45	4.98	9	51	58

Mark Funderburk

YEAR	G	AB	R	H	2B	3B	HR	RBI	AVG.	TB	BB	SO	SB	GDP
1981	8	15	2	3	1	0	0	2	.200	4	2	1	0	0
1985	23	70	7	22	7	1	2	13	.314	37	5	12	0	4

Gary Gaetti

YEAR	G	AB	R	H	2B	3B	HR	RBI	AVG.	TB	BB	SO	SB	GDP
1981	9	26	4	5	0	0	2	3	.192	11	0	6	0	1
1982	145	508	59	117	25	4	25	84	.230	225	37	107	0	16
1983	157	584	81	143	30	3	21	78	.245	242	54	121	7	18
1984	162	588	55	154	29	4	5	65	.262	206	44	81	11	9
1985	160	560	71	138	31	0	20	63	.246	229	37	89	13	15
1986	157	596	91	171	34	1	34	108	.287	309	52	108	14	18
1987	154	584	95	150	36	2	31	109	.257	283	37	92	10	25
1988	133	468	66	141	29	2	28	88	.301	258	36	85	7	10
1989	130	498	63	125	11	4	19	75	.251	201	25	87	6	12
1990	154	577	61	132	27	5	16	85	.229	217	36	101	6	22

Greg Gagne

YEAR	G	AB	R	H	2B	3B	HR	RBI	AVG.	TB	BB	SO	SB	GDP
1983	10	27	2	3	1	0	0	3	.111	4	0	6	0	0
1984	2	1	0	0	0	0	0	0	.000	0	0	0	0	0
1985	114	293	37	66	15	3	2	23	.225	93	20	57	10	5
1986	156	472	63	118	22	6	12	54	.250	188	30	108	12	4
1987	137	437	68	116	28	7	10	40	.265	188	25	84	6	3
1988	149	461	70	109	20	6	14	48	.236	183	27	110	15	13
1989	149	460	69	125	29	7	9	48	.272	195	17	80	11	10
1990	138	388	38	91	22	3	7	38	.235	140	24	76	8	5
1991	139	408	52	108	23	3	8	42	.265	161	26	72	11	15
1992	146	439	53	108	23	0	7	39	.246	152	19	83	6	11

Keith Garagozzo

YEAR	G	GS	CG	W	L	SHO	SV	IP	H	R	ER	ERA	HR	BB	SO
1994	7	0	0	0	0	0	0	9.1	9	10	10	9.64	3	13	3

Rich Garces

YEAR	G	GS	CG	W	L	SHO	SV	IP	H	R	ER	ERA	HR	BB	SO
1990	5	0	0	0	0	0	2	5.2	4	2	1	1.59	0	4	1
1993	3	0	0	0	0	0	0	4	4	2	0	0.00	0	2	3

Billy Gardner

YEAR	G	AB	R	H	2B	3B	HR	RBI	AVG.	TB	BB	SO	SB	GDP
1961	45	153	13	36	9	0	1	11	.235	48	11	14	0	7

PLAYER STATISTICS

BOB GEBHARD

YEAR	G	AB	R	H	2B	3B	HR	RBI	AVG.	TB	BB	SO	SB	GDP
1971	17	0	0	0	0	0	0	0	....	0	0	0	0	0
1972	13	0	0	0	0	0	0	0	....	0	1	0	0	0

YEAR	G	GS	CG	W	L	SHO	SV	IP	H	R	ER	ERA	HR	BB	SO
1971	17	0	0	1	2	0	0	18	17	6	6	3.00	0	11	13
1972	13	0	0	0	1	0	1	21	36	29	20	8.57	3	13	13

PAUL GIEL

YEAR	G	AB	R	H	2B	3B	HR	RBI	AVG.	TB	BB	SO	SB	GDP
1961	5	2	0	1	0	0	0	0	.500	1	0	1	0	0

YEAR	G	GS	CG	W	L	SHO	SV	IP	H	R	ER	ERA	HR	BB	SO
1961	12	0	0	1	0	0	-	19.1	24	27	21	9.78	6	17	14

DAN GLADDEN

YEAR	G	AB	R	H	2B	3B	HR	RBI	AVG.	TB	BB	SO	SB	GDP
1987	121	438	69	109	21	2	8	38	.249	158	38	72	25	8
1988	141	576	91	155	32	6	11	62	.269	232	46	74	28	9
1989	121	461	69	136	23	3	8	46	.295	189	23	53	23	6
1990	136	534	64	147	27	6	5	40	.275	201	26	67	25	17
1991	126	461	65	114	14	9	6	52	.247	164	36	60	15	13

YEAR	G	GS	CG	W	L	SHO	SV	IP	H	R	ER	ERA	HR	BB	SO
1988	1	0	0	0	0	0	0	1	0	0	0	0.00	0	0	0
1989	1	0	0	0	0	0	0	1	2	1	1	9.00	0	1	0

DAVE GOLTZ

YEAR	G	AB	R	H	2B	3B	HR	RBI	AVG.	TB	BB	SO	SB	GDP
1972	15	29	0	3	0	0	0	1	.103	3	2	17	0	1
1976	1	0	0	0	0	0	0	0	....	0	0	0	0	0
1977	2	0	0	0	0	0	0	0	....	0	0	0	0	0

YEAR	G	GS	CG	W	L	SHO	SV	IP	H	R	ER	ERA	HR	BB	SO
1972	15	11	2	3	3	0	1	91	75	30	27	2.67	5	26	38
1973	32	10	1	6	4	0	1	106.1	138	68	62	5.27	11	32	65
1974	28	24	5	10	10	1	1	174.1	192	81	63	3.26	14	45	89
1975	32	32	15	14	14	1	0	243	235	112	99	3.67	18	72	128
1976	36	35	13	14	14	4	0	249.1	239	113	93	3.36	14	91	133
1977	39	39	19	20	11	2	0	303	284	129	113	3.36	23	91	186
1978	29	29	13	15	10	2	0	220.1	209	72	61	2.50	12	67	116
1979	36	35	12	14	13	1	0	250.2	282	124	116	4.16	22	69	132

LUIS GOMEZ

YEAR	G	AB	R	H	2B	3B	HR	RBI	AVG.	TB	BB	SO	SB	GDP
1974	82	168	18	35	1	0	0	3	.208	36	12	16	2	2
1975	89	72	7	10	0	0	0	5	.139	10	4	12	0	1
1976	38	57	5	11	1	0	0	3	.193	12	3	3	1	3
1977	32	65	6	16	4	2	0	11	.246	24	4	9	0	0

PLAYER STATISTICS

Bob Allison

Gary Gaetti

PLAYER STATISTICS

Ruben Gomez

YEAR	G	AB	R	H	2B	3B	HR	RBI	AVG.	TB	BB	SO	SB	GDP
1962	6	5	0	0	0	0	0	0	.000	0	1	1	0	0

YEAR	G	GS	CG	W	L	SHO	SV	IP	H	R	ER	ERA	HR	BB	SO
1962	6	2	1	1	1	0	0	19.1	17	11	10	4.66	3	11	8

German Gonzalez

YEAR	G	GS	CG	W	L	SHO	SV	IP	H	R	ER	ERA	HR	BB	SO
1988	16	0	0	0	0	0	1	21.1	20	8	8	3.38	4	8	19
1989	22	0	0	3	2	0	0	29	32	17	15	4.66	2	11	25

Danny Goodwin

YEAR	G	AB	R	H	2B	3B	HR	RBI	AVG.	TB	BB	SO	SB	GDP
1979	58	159	22	46	8	5	5	27	.289	79	11	23	0	5
1980	55	115	12	23	5	0	1	11	.200	31	17	32	0	4
1981	59	151	18	34	6	1	2	17	.225	48	16	32	3	3

Bob Gorinski

YEAR	G	AB	R	H	2B	3B	HR	RBI	AVG.	TB	BB	SO	SB	GDP
1977	54	118	14	23	4	1	3	22	.195	38	5	29	1	1

John Goryl

YEAR	G	AB	R	H	2B	3B	HR	RBI	AVG.	TB	BB	SO	SB	GDP
1962	37	26	6	5	0	1	2	2	.192	13	2	6	0	1
1963	64	150	29	43	5	3	9	24	.287	81	15	29	0	4
1964	58	114	9	16	0	2	0	1	.140	20	10	25	1	3

Mauro Gozzo

YEAR	G	GS	CG	W	L	SHO	SV	IP	H	R	ER	ERA	HR	BB	SO
1992	2	0	0	0	0	0	0	1.2	7	5	5	27.00	2	0	1

Dan Graham

YEAR	G	AB	R	H	2B	3B	HR	RBI	AVG.	TB	BB	SO	SB	GDP
1979	2	4	0	0	0	0	0	0	.000	0	0	0	0	0

Wayne Granger

YEAR	G	AB	R	H	2B	3B	HR	RBI	AVG.	TB	BB	SO	SB	GDP
1972	63	10	0	2	1	0	0	0	.200	3	0	5	0	0

YEAR	G	GS	CG	W	L	SHO	SV	IP	H	R	ER	ERA	HR	BB	SO
1972	63	0	0	4	6	0	19	89.2	83	42	30	3.00	7	28	45

Jim Grant

YEAR	G	AB	R	H	2B	3B	HR	RBI	AVG.	TB	BB	SO	SB	GDP
1964	39	60	8	10	2	0	0	3	.167	12	2	18	0	2
1965	50	97	13	15	3	2	0	8	.155	22	7	27	0	1
1966	35	78	5	15	5	0	0	10	.192	20	3	23	0	3
1967	27	28	6	5	0	0	0	2	.179	5	1	2	0	1

Jim Grant (cont.)

YEAR	G	GS	CG	W	L	SHO	SV	IP	H	R	ER	ERA	HR	BB	SO
1964	26	23	10	11	9	1	1	166	162	73	52	2.82	21	36	75
1965	41	39	14	21	7	6	0	270.1	252	107	99	3.30	34	61	142
1966	35	35	10	13	13	3	0	249	248	104	90	3.25	23	49	110
1967	27	14	2	5	6	0	0	95.1	121	56	50	4.74	10	17	50

Lenny Green

YEAR	G	AB	R	H	2B	3B	HR	RBI	AVG.	TB	BB	SO	SB	GDP
1961	156	600	92	171	28	7	9	50	.285	240	81	50	17	5
1962	158	619	97	168	33	3	14	63	.271	249	88	36	8	8
1963	145	280	41	67	10	1	4	27	.239	91	31	21	11	1
1964	26	15	3	0	0	0	0	0	.000	0	4	6	0	0

Joe Grzenda

YEAR	G	AB	R	H	2B	3B	HR	RBI	AVG.	TB	BB	SO	SB	GDP
1969	38	5	1	0	0	0	0	0	.000	0	2	3	0	0

YEAR	G	GS	CG	W	L	SHO	SV	IP	H	R	ER	ERA	HR	BB	SO
1969	38	0	0	4	1	0	3	48.2	52	23	21	3.86	4	17	24

Eddie Guardado

YEAR	G	GS	CG	W	L	SHO	SV	IP	H	R	ER	ERA	HR	BB	SO
1993	19	16	0	3	8	0	0	94.2	123	68	65	6.18	13	36	46
1994	4	4	0	0	2	0	0	17	26	16	16	8.47	3	4	8
1995	51	5	0	4	9	0	2	91.1	99	54	52	5.12	13	45	71
1996	83	0	0	6	5	0	4	73.2	61	45	43	5.25	12	33	74
1997	69	0	0	0	4	0	1	46	45	23	20	3.91	7	17	54

Bucky Guth

YEAR	G	AB	R	H	2B	3B	HR	RBI	AVG.	TB	BB	SO	SB	GDP
1972	3	3	1	0	0	0	0	0	.000	0	0	0	0	0

Mark Guthrie

YEAR	G	GS	CG	W	L	SHO	SV	IP	H	R	ER	ERA	HR	BB	SO
1989	13	8	0	2	4	0	0	57.1	66	32	29	4.55	7	21	38
1990	24	21	3	7	9	1	0	144.2	154	65	61	3.79	8	39	101
1991	41	12	0	7	5	0	2	98	116	52	47	4.32	11	41	72
1992	54	0	0	2	3	0	5	75	59	27	24	2.88	7	23	76
1993	22	0	0	2	1	0	0	21	20	11	11	4.71	2	16	15
1994	50	2	0	4	2	0	1	51.1	65	43	35	6.14	8	18	38
1995	36	0	0	5	3	0	0	42.1	47	22	21	4.46	5	16	48

Chip Hale

YEAR	G	AB	R	H	2B	3B	HR	RBI	AVG.	TB	BB	SO	SB	GDP
1989	28	67	6	14	3	0	0	4	.209	17	1	6	0	0
1990	1	2	0	0	0	0	0	2	.000	0	0	1	0	0
1993	69	186	25	62	6	1	3	27	.333	79	18	17	2	3

PLAYER STATISTICS

Chip Hale (cont.)

YEAR	G	AB	R	H	2B	3B	HR	RBI	AVG.	TB	BB	SO	SB	GDP
1994	67	118	13	31	9	0	1	11	.263	43	16	14	0	2
1995	69	103	10	27	4	0	2	18	.262	37	11	20	0	6
1996	85	87	8	24	5	0	1	16	.276	32	10	6	0	3

Jimmie Hall

YEAR	G	AB	R	H	2B	3B	HR	RBI	AVG.	TB	BB	SO	SB	GDP
1963	156	497	88	129	21	5	33	80	.260	259	63	101	3	8
1964	149	510	61	144	20	3	25	75	.282	245	44	112	5	10
1965	148	522	81	149	25	4	20	86	.285	242	51	79	14	6
1966	120	356	52	85	7	4	20	47	.239	160	33	66	1	14

Tom Hall

YEAR	G	AB	R	H	2B	3B	HR	RBI	AVG.	TB	BB	SO	SB	GDP
1968	11	9	2	0	0	0	0	0	.000	0	0	0	0	0
1969	32	43	5	8	1	0	0	0	.186	9	4	14	0	0
1970	53	44	4	8	0	0	0	1	.182	8	0	9	0	1
1971	49	34	5	9	1	0	0	1	.265	10	1	5	0	1

YEAR	G	GS	CG	W	L	SHO	SV	IP	H	R	ER	ERA	HR	BB	SO
1968	8	4	0	2	1	0	0	29.2	27	15	8	2.40	1	12	18
1969	31	18	5	8	7	2	0	140.2	129	63	52	3.32	12	50	92
1970	52	11	1	11	6	0	4	155.1	94	46	44	2.55	11	66	184
1971	48	11	0	4	7	0	9	129.2	104	54	48	3.32	13	58	137

Pete Hamm

YEAR	G	AB	R	H	2B	3B	HR	RBI	AVG.	TB	BB	SO	SB	GDP
1970	10	1	0	0	0	0	0	0	.000	0	0	0	0	0
1971	13	11	1	3	1	0	0	0	.273	4	0	5	0	0

YEAR	G	GS	CG	W	L	SHO	SV	IP	H	R	ER	ERA	HR	BB	SO
1970	10	0	0	0	2	0	0	16.1	17	10	10	5.63	3	7	3
1971	13	8	1	2	4	0	0	44	55	33	33	6.75	7	18	16

Bill Hands

YEAR	G	GS	CG	W	L	SHO	SV	IP	H	R	ER	ERA	HR	BB	SO
1973	39	15	3	7	10	1	2	142	138	69	55	3.49	14	41	78
1974	35	10	0	4	5	0	3	115.5	130	57	57	4.46	9	25	74

Greg Hansell

YEAR	G	GS	CG	W	L	SHO	SV	IP	H	R	ER	ERA	HR	BB	SO
1996	50	0	0	3	0	0	3	74.1	83	48	47	5.69	14	31	46

Carroll Hardy

YEAR	G	AB	R	H	2B	3B	HR	RBI	AVG.	TB	BB	SO	SB	GDP
1967	11	8	1	3	0	0	1	2	.375	6	1	1	0	0

Brian Harper

YEAR	G	AB	R	H	2B	3B	HR	RBI	AVG.	TB	BB	SO	SB	GDP
1988	60	166	15	49	11	1	3	20	.295	71	10	12	0	12
1989	126	385	43	125	24	0	8	57	.325	173	13	16	2	11
1990	134	479	61	141	42	3	6	54	.294	207	19	27	3	20
1991	123	441	54	137	28	1	10	69	.311	197	14	22	1	14
1992	140	502	58	154	25	0	9	73	.307	206	26	22	0	15
1993	147	530	52	161	26	1	12	73	.304	225	29	29	1	15

Greg Harris

YEAR	G	GS	CG	W	L	SHO	SV	IP	H	R	ER	ERA	HR	BB	SO
1995	7	6	0	0	5	0	0	32.2	50	35	32	8.82	5	16	21

Roric Harrison

YEAR	G	GS	CG	W	L	SHO	SV	IP	H	R	ER	ERA	HR	BB	SO
1978	9	0	0	0	1	0	0	12	18	10	10	7.50	0	11	7

Mike Hart

YEAR	G	AB	R	H	2B	3B	HR	RBI	AVG.	TB	BB	SO	SB	GDP
1984	13	29	0	5	0	0	0	5	.172	5	1	2	0	0

Mike Hartley

YEAR	G	GS	CG	W	L	SHO	SV	IP	H	R	ER	ERA	HR	BB	SO
1993	53	0	0	1	2	0	1	81	86	38	36	4.00	4	36	57

Paul Hartzell

YEAR	G	GS	CG	W	L	SHO	SV	IP	H	R	ER	ERA	HR	BB	SO
1979	28	26	4	6	10	0	0	163	193	102	97	5.36	18	44	44

Mickey Hatcher

YEAR	G	AB	R	H	2B	3B	HR	RBI	AVG.	TB	BB	SO	SB	GDP
1981	99	377	36	96	23	2	3	37	.255	132	15	29	3	10
1982	84	277	23	69	13	2	3	26	.249	95	8	27	0	12
1983	106	375	50	119	15	3	9	47	.317	167	14	19	2	12
1984	152	576	61	174	35	5	5	69	.302	234	37	34	0	17
1985	116	444	46	125	28	0	3	49	.282	162	16	23	0	15
1986	115	317	40	88	13	3	3	32	.278	116	19	26	2	8

Brad Havens

YEAR	G	GS	CG	W	L	SHO	SV	IP	H	R	ER	ERA	HR	BB	SO
1981	14	12	1	3	6	1	0	78	76	33	31	3.58	6	24	43
1982	33	32	4	10	14	1	0	208.2	201	112	100	4.31	32	80	129
1983	16	14	1	5	8	0	0	80.1	110	75	73	8.18	11	38	40

LaTroy Hawkins

YEAR	G	AB	R	H	2B	3B	HR	RBI	AVG.	TB	BB	SO	SB	GDP
1997	20	1	0	0	0	0	0	0	.000	0	0	1	0	0

PLAYER STATISTICS

LaTroy Hawkins (cont.)

YEAR	G	GS	CG	W	L	SHO	SV	IP	H	R	ER	ERA	HR	BB	SO
1995	6	6	1	2	3	0	0	27	39	29	26	8.67	3	12	9
1996	7	6	0	1	1	0	0	26.1	42	24	24	8.20	8	9	24
1997	20	20	0	6	12	0	0	103.1	134	71	67	5.84	19	47	58

Hal Haydel

YEAR	G	AB	R	H	2B	3B	HR	RBI	AVG.	TB	BB	SO	SB	GDP
1970	4	3	2	2	1	0	1	1	.667	6	0	1	0	0
1971	31	3	0	1	0	0	0	0	.333	1	0	1	0	0

YEAR	G	GS	CG	W	L	SHO	SV	IP	H	R	ER	ERA	HR	BB	SO
1970	4	0	0	2	0	0	0	9	7	3	3	3.00	2	4	4
1971	31	0	0	4	2	0	1	40	33	19	19	4.28	3	20	29

Neal Heaton

YEAR	G	GS	CG	W	L	SHO	SV	IP	H	R	ER	ERA	HR	BB	SO
1986	21	17	3	4	9	0	1	124.1	128	60	55	3.98	18	47	66

Ron Henry

YEAR	G	AB	R	H	2B	3B	HR	RBI	AVG.	TB	BB	SO	SB	GDP
1961	20	28	1	4	0	0	0	3	.143	4	2	7	0	3
1964	22	41	4	5	1	1	2	5	.122	14	2	17	0	1

Jackie Hernandez

YEAR	G	AB	R	H	2B	3B	HR	RBI	AVG.	TB	BB	SO	SB	GDP
1967	29	28	1	4	0	0	0	3	.143	4	0	6	0	0
1968	83	199	13	35	3	0	2	17	.176	44	9	52	5	3

Tom Herr

YEAR	G	AB	R	H	2B	3B	HR	RBI	AVG.	TB	BB	SO	SB	GDP
1988	86	304	42	80	16	0	1	21	.263	99	40	47	10	9

Donnie Hill

YEAR	G	AB	R	H	2B	3B	HR	RBI	AVG.	TB	BB	SO	SB	GDP
1992	25	51	7	15	3	0	0	2	.294	18	5	6	0	0

Herman Hill

YEAR	G	AB	R	H	2B	3B	HR	RBI	AVG.	TB	BB	SO	SB	GDP
1969	16	2	4	0	0	0	0	0	.000	0	0	1	1	0
1970	27	22	8	2	0	0	0	0	.091	2	0	6	0	0

Larry Hisle

YEAR	G	AB	R	H	2B	3B	HR	RBI	AVG.	TB	BB	SO	SB	GDP
1973	143	545	88	148	25	6	15	64	.272	230	64	128	11	13
1974	143	510	68	146	20	7	19	79	.286	237	48	112	12	14
1975	80	255	37	80	9	2	11	51	.314	126	27	39	17	5
1976	155	581	81	158	19	5	14	96	.272	229	56	93	31	11
1977	141	546	95	165	36	3	28	119	.302	291	56	106	21	11

Jack Hobbs

YEAR	G	GS	CG	W	L	SHO	SV	IP	H	R	ER	ERA	HR	BB	SO
1981	4	0	0	0	0	0	0	5.2	5	2	2	3.00	0	6	1

Denny Hocking

YEAR	G	AB	R	H	2B	3B	HR	RBI	AVG.	TB	BB	SO	SB	GDP
1993	15	36	7	5	1	0	0	0	.139	6	6	8	1	1
1994	11	31	3	10	3	0	0	2	.323	13	0	4	2	1
1995	9	25	4	5	0	2	0	3	.200	9	2	2	1	1
1996	49	127	16	25	6	0	1	10	.197	34	8	24	3	3
1997	115	253	28	65	12	4	2	25	.257	91	18	51	3	6

Ed Hodge

YEAR	G	GS	CG	W	L	SHO	SV	IP	H	R	ER	ERA	HR	BB	SO
1984	25	15	0	4	3	0	0	100	116	59	53	4.77	13	29	59

Dave Hollins

YEAR	G	AB	R	H	2B	3B	HR	RBI	AVG.	TB	BB	SO	SB	GDP
1996	121	422	71	102	26	0	13	53	.242	167	71	102	6	9

Jeff Holly

YEAR	G	GS	CG	W	L	SHO	SV	IP	H	R	ER	ERA	HR	BB	SO
1977	18	5	0	2	3	0	0	48.1	57	37	37	6.94	8	12	32
1978	15	1	0	1	1	0	0	35.1	28	15	14	3.60	1	18	12
1979	6	0	0	0	0	0	0	6.1	10	7	5	7.50	0	3	5

Jim Holt

YEAR	G	AB	R	H	2B	3B	HR	RBI	AVG.	TB	BB	SO	SB	GDP
1968	70	106	9	22	2	1	0	8	.208	26	4	20	0	3
1969	12	14	3	5	0	0	1	2	.357	8	0	4	0	0
1970	142	319	37	85	9	3	3	40	.266	109	17	32	3	9
1971	126	340	35	88	11	3	1	29	.259	108	16	28	5	11
1972	10	27	6	12	1	0	1	6	.444	16	0	1	0	1
1973	132	441	52	131	25	3	11	58	.297	195	29	43	0	12
1974	79	197	24	50	11	0	0	16	.254	61	14	16	0	6

Vince Horsman

YEAR	G	GS	CG	W	L	SHO	SV	IP	H	R	ER	ERA	HR	BB	SO
1995	6	0	0	0	0	0	0	9	12	8	7	7.00	2	4	4

Steve Howe

YEAR	G	GS	CG	W	L	SHO	SV	IP	H	R	ER	ERA	HR	BB	SO
1985	13	0	0	2	3	0	0	19	28	16	13	6.16	1	7	10

Kent Hrbek

YEAR	G	AB	R	H	2B	3B	HR	RBI	AVG.	TB	BB	SO	SB	GDP
1981	24	67	5	16	5	0	1	7	.239	24	5	9	0	0
1982	140	532	82	160	21	4	23	92	.301	258	54	80	3	17

PLAYER STATISTICS

Kent Hrbek (cont.)

YEAR	G	AB	R	H	2B	3B	HR	RBI	AVG.	TB	BB	SO	SB	GDP
1983	141	515	75	153	41	5	16	84	.297	252	57	71	4	12
1984	149	559	80	174	31	3	27	107	.311	292	65	87	1	17
1985	158	593	78	165	31	2	21	93	.278	263	67	87	1	12
1986	149	550	85	147	27	1	29	91	.267	263	71	81	2	15
1987	143	477	85	136	20	1	34	90	.285	260	84	60	5	13
1988	143	510	75	159	31	0	25	76	.312	265	67	54	0	9
1989	109	375	59	102	17	0	25	84	.272	194	53	35	3	6
1990	143	492	61	141	26	0	22	79	.287	233	69	45	5	17
1991	132	462	72	131	20	1	20	89	.284	213	67	48	4	15
1992	112	394	52	96	20	0	15	58	.244	161	71	56	5	12
1993	123	392	60	95	11	1	25	83	.242	183	71	57	4	12
1994	81	274	34	74	11	0	10	53	.270	115	37	28	0	8

Jim Hughes

YEAR	G	GS	CG	W	L	SHO	SV	IP	H	R	ER	ERA	HR	BB	SO
1974	2	2	1	0	2	0	0	10.1	8	8	6	5.40	2	4	8
1975	37	34	12	16	14	2	0	249.2	241	119	106	3.82	17	127	130
1976	37	26	3	9	14	0	0	177	190	113	98	4.98	17	73	87
1977	2	0	0	0	0	0	0	4.1	4	1	1	2.25	0	1	1

Randy Hundley

YEAR	G	AB	R	H	2B	3B	HR	RBI	AVG.	TB	BB	SO	SB	GDP
1974	32	88	2	17	2	0	0	3	.193	19	4	12	0	4

Torii Hunter

YEAR	G	AB	R	H	2B	3B	HR	RBI	AVG.	TB	BB	SO	SB	GDP
1997	1	0	0	0	0	0	0	0	....	0	0	0	0	0

Riccardo Ingram

YEAR	G	AB	R	H	2B	3B	HR	RBI	AVG.	TB	BB	SO	SB	GDP
1995	4	8	0	1	0	0	0	1	.125	1	2	1	0	1

Hank Izquierdo

YEAR	G	AB	R	H	2B	3B	HR	RBI	AVG.	TB	BB	SO	SB	GDP
1967	16	26	4	7	2	0	0	2	.269	9	1	2	0	0

Darrell Jackson

YEAR	G	AB	R	H	2B	3B	HR	RBI	AVG.	TB	BB	SO	SB	GDP
1979	1	0	0	0	0	0	0	0	....	0	0	0	0	0
1980	1	0	0	0	0	0	0	0	....	0	0	0	0	0

YEAR	G	GS	CG	W	L	SHO	SV	IP	H	R	ER	ERA	HR	BB	SO
1978	19	15	1	4	6	1	0	92.1	89	53	46	4.50	9	48	54
1979	24	8	1	4	4	0	0	69.1	89	36	33	4.30	5	26	43
1980	32	25	1	9	9	0	1	172	161	81	74	3.87	15	69	90
1981	14	5	0	3	3	0	0	32.2	35	16	16	4.36	1	19	26
1982	13	7	0	0	5	0	0	44.2	51	33	31	6.25	6	24	16

Darrin Jackson

YEAR	G	AB	R	H	2B	3B	HR	RBI	AVG.	TB	BB	SO	SB	GDP
1997	49	130	19	33	2	1	3	21	0.254	46	4	21	2	2

Ron Jackson

YEAR	G	AB	R	H	2B	3B	HR	RBI	AVG.	TB	BB	SO	SB	GDP
1979	159	583	85	158	40	5	14	68	.271	250	51	59	3	14
1980	131	396	48	105	29	3	5	42	.265	155	28	41	1	15
1981	54	175	17	46	9	0	4	28	.263	67	10	15	2	3

Roy Lee Jackson

YEAR	G	GS	CG	W	L	SHO	SV	IP	H	R	ER	ERA	HR	BB	SO
1986	28	0	0	0	1	0	1	58.1	57	29	25	3.86	7	16	32

Lamar Jacobs

YEAR	G	AB	R	H	2B	3B	HR	RBI	AVG.	TB	BB	SO	SB	GDP
1961	4	8	0	2	0	0	0	0	.250	2	0	2	0	0

Kevin Jarvis

YEAR	G	GS	CG	W	L	SHO	SV	IP	H	R	ER	ERA	HR	BB	SO
1997	6	2	0	0	0	0	0	13	23	18	18	12.46	4	8	9

Houston Jiminez

YEAR	G	AB	R	H	2B	3B	HR	RBI	AVG.	TB	BB	SO	SB	GDP
1983	36	86	5	15	5	1	0	9	.174	22	4	11	0	0
1984	108	298	28	60	11	1	0	19	.201	73	15	34	0	7

Dave Johnson

YEAR	G	GS	CG	W	L	SHO	SV	IP	H	R	ER	ERA	HR	BB	SO
1977	30	6	0	2	5	0	0	72.2	86	42	37	4.56	7	23	33
1978	6	1	0	0	2	0	0	12	15	11	10	7.50	1	9	7

Randy Johnson

YEAR	G	AB	R	H	2B	3B	HR	RBI	AVG.	TB	BB	SO	SB	GDP
1982	89	234	26	58	10	0	10	33	.248	98	30	46	0	3

Tom Johnson

YEAR	G	GS	CG	W	L	SHO	SV	IP	H	R	ER	ERA	HR	BB	SO
1974	4	0	0	2	0	0	1	7	4	1	0	0.00	0	0	4
1975	18	0	0	1	2	0	3	38.2	40	23	18	4.15	4	21	17
1976	18	1	0	3	1	0	0	48.1	44	14	14	2.63	2	8	37
1977	71	0	0	16	7	0	15	146.2	152	57	51	3.12	11	47	87
1978	18	0	0	1	4	0	3	32.2	42	22	20	5.45	2	17	21

Greg Johnston

YEAR	G	AB	R	H	2B	3B	HR	RBI	AVG.	TB	BB	SO	SB	GDP
1980	14	27	3	5	3	0	0	1	.185	8	2	4	0	3
1981	7	16	2	2	0	0	0	0	.125	2	2	5	0	0

Terry Jorgensen

YEAR	G	AB	R	H	2B	3B	HR	RBI	AVG.	TB	BB	SO	SB	GDP
1989	10	23	1	4	1	0	0	2	.174	5	4	5	0	1
1992	22	58	5	18	1	0	0	5	.310	19	3	11	1	4
1993	59	152	15	34	7	0	1	12	.224	44	10	21	1	7

Jim Kaat

YEAR	G	AB	R	H	2B	3B	HR	RBI	AVG.	TB	BB	SO	SB	GDP
1961	33	63	10	15	3	1	0	1	.238	20	4	13	0	2
1962	48	100	9	18	3	1	1	10	.180	26	8	40	0	0
1963	36	61	2	8	1	0	1	8	.131	12	2	19	0	1
1964	46	83	11	14	1	0	3	11	.169	24	11	31	0	1
1965	56	93	6	23	4	0	1	9	.247	30	3	29	2	1
1966	47	118	12	23	2	1	2	13	.195	33	5	41	0	1
1967	45	99	7	17	3	1	1	4	.172	25	7	26	0	2
1968	36	77	7	12	3	0	0	5	.156	15	2	18	0	2
1969	43	87	8	18	8	0	2	10	.207	32	4	20	0	0
1970	56	76	17	15	1	0	1	8	.197	19	6	20	0	2
1971	54	93	6	15	3	0	0	5	.161	18	2	16	2	0
1972	24	45	3	13	3	0	2	4	.289	22	1	16	0	0
1973	2	0	1	0	0	0	0	0	....	0	0	0	0	0

YEAR	G	GS	CG	W	L	SHO	SV	IP	H	R	ER	ERA	HR	BB	SO
1961	36	29	8	9	17	1	-	200.2	187	105	87	3.90	12	82	122
1962	39	35	16	18	14	5	0	269	243	106	94	3.14	23	75	173
1963	31	27	7	10	10	1	0	178.1	195	96	83	4.20	24	38	105
1964	36	34	13	17	11	0	0	243	231	100	87	3.22	23	60	171
1965	45	42	7	18	11	2	2	264.1	267	121	83	2.83	25	63	154
1966	41	41	19	25	13	3	0	304.2	271	114	93	2.74	29	55	205
1967	42	38	13	16	13	2	0	263.1	269	110	89	3.05	21	42	211
1968	30	29	9	14	12	2	0	208	192	78	68	2.94	16	40	130
1969	40	32	10	14	13	0	1	242.1	252	114	94	3.50	23	75	139
1970	45	34	4	14	10	1	0	230.1	244	110	91	3.56	26	58	120
1971	39	38	15	13	14	4	0	260.1	275	104	96	3.32	16	47	137
1972	15	15	5	10	2	0	0	113.1	94	36	26	2.07	6	20	64
1973	29	28	7	11	12	2	0	181.2	206	101	89	4.40	26	39	93

Ron Keller

YEAR	G	AB	R	H	2B	3B	HR	RBI	AVG.	TB	BB	SO	SB	GDP
1966	3	1	0	0	0	0	0	0	.000	0	0	0	0	0
1968	8	1	0	0	0	0	0	0	.000	0	0	1	0	0

YEAR	G	GS	CG	W	L	SHO	SV	IP	H	R	ER	ERA	HR	BB	SO
1966	2	0	0	0	0	0	0	5.1	7	4	3	5.40	1	1	1
1968	7	1	0	0	1	0	0	16	18	6	5	2.81	2	4	11

Pat Kelly

YEAR	G	AB	R	H	2B	3B	HR	RBI	AVG.	TB	BB	SO	SB	GDP
1967	8	1	1	0	0	0	0	0	.000	0	0	1	0	0
1968	12	35	2	4	2	0	1	2	.114	9	3	10	0	1

Roberto Kelly

YEAR	G	AB	R	H	2B	3B	HR	RBI	AVG.	TB	BB	SO	SB	GDP
1996	98	322	41	104	17	4	6	47	.323	147	23	53	10	17
1997	75	247	39	71	19	2	5	37	.287	109	17	50	7	4

Tom Kelly

YEAR	G	AB	R	H	2B	3B	HR	RBI	AVG.	TB	BB	SO	SB	GDP
1975	49	127	11	23	5	0	1	11	.181	31	15	22	0	3

Harmon Killebrew

YEAR	G	AB	R	H	2B	3B	HR	RBI	AVG.	TB	BB	SO	SB	GDP
1961	150	541	94	156	20	7	46	122	.288	328	107	109	1	11
1962	155	552	85	134	21	1	48	126	.243	301	106	142	1	14
1963	142	515	88	133	18	0	45	96	.258	286	72	105	0	16
1964	158	577	95	156	11	1	49	111	.270	316	93	135	0	15
1965	113	401	78	108	16	1	25	75	.269	201	72	69	0	10
1966	162	569	89	160	27	1	39	110	.281	306	103	98	0	12
1967	163	547	105	147	24	1	44	113	.269	305	131	111	1	16
1968	100	295	40	62	7	2	17	40	.210	124	70	70	0	13
1969	162	555	106	153	20	2	49	140	.276	324	145	84	8	16
1970	157	527	96	143	20	1	41	113	.271	288	128	84	0	28
1971	147	500	61	127	19	1	28	119	.254	232	114	96	3	21
1972	139	433	53	100	13	2	26	74	.231	195	94	91	0	16
1973	69	248	29	60	9	1	5	32	.242	86	41	59	0	10
1974	122	333	28	74	7	0	13	54	.222	120	45	61	0	12

Jerry Kindall

YEAR	G	AB	R	H	2B	3B	HR	RBI	AVG.	TB	BB	SO	SB	GDP
1964	62	128	8	19	2	0	1	6	.148	24	7	44	0	2
1965	125	342	41	67	12	1	6	36	.196	99	36	97	2	6

Mike Kinnunen

YEAR	G	GS	CG	W	L	SHO	SV	IP	H	R	ER	ERA	HR	BB	SO
1980	21	0	0	0	0	0	0	24.2	29	18	14	5.04	1	9	8

Bob Kipper

YEAR	G	GS	CG	W	L	SHO	SV	IP	H	R	ER	ERA	HR	BB	SO
1992	25	0	0	3	3	0	0	38.2	40	23	19	4.42	8	14	22

Tom Klawitter

YEAR	G	GS	CG	W	L	SHO	SV	IP	H	R	ER	ERA	HR	BB	SO
1985	7	2	0	0	0	0	0	9.1	7	7	7	6.75	2	13	5

Ron Kline

YEAR	G	AB	R	H	2B	3B	HR	RBI	AVG.	TB	BB	SO	SB	GDP
1967	54	5	0	0	0	0	0	0	.000	0	0	3	0	0

YEAR	G	GS	CG	W	L	SHO	SV	IP	H	R	ER	ERA	HR	BB	SO
1967	54	0	0	7	1	0	5	71.2	71	33	30	3.75	10	15	36

PLAYER STATISTICS

Scott Klingenbeck

YEAR	G	GS	CG	W	L	SHO	SV	IP	H	R	ER	ERA	HR	BB	SO
1995	18	4	0	0	2	0	0	48.1	69	48	46	8.57	16	24	27
1996	10	3	0	1	1	0	0	28.2	42	28	25	7.85	5	10	15

Joe Klink

YEAR	G	GS	CG	W	L	SHO	SV	IP	H	R	ER	ERA	HR	BB	SO
1987	12	0	0	0	1	0	0	23	37	18	17	6.65	4	11	17

Johnny Klippstein

YEAR	G	AB	R	H	2B	3B	HR	RBI	AVG.	TB	BB	SO	SB	GDP
1964	33	2	0	0	0	0	0	0	.000	0	1	1	0	0
1965	56	8	0	0	0	0	0	0	.000	0	1	3	0	1
1966	26	3	0	0	0	0	0	0	.000	0	0	3	0	0

YEAR	G	GS	CG	W	L	SHO	SV	IP	H	R	ER	ERA	HR	BB	SO
1964	33	0	0	0	4	0	2	46.1	44	12	10	1.96	4	20	39
1965	56	0	0	9	3	0	3	76.1	59	22	19	2.25	8	31	59
1966	26	0	0	1	1	0	3	40	35	15	15	3.38	2	20	26

Chuck Knoblauch

YEAR	G	AB	R	H	2B	3B	HR	RBI	AVG.	TB	BB	SO	SB	GDP
1991	151	565	78	159	24	6	1	50	.281	198	59	40	25	8
1992	155	600	104	178	19	6	2	56	.297	215	88	60	34	8
1993	153	602	82	167	27	4	2	41	.277	208	65	44	29	11
1994	109	445	85	139	45	3	5	51	.312	205	41	56	35	13
1995	136	538	107	179	34	8	11	63	.333	262	78	95	46	15
1996	153	578	140	197	35	14	13	72	.341	299	98	74	45	9
1997	156	611	117	178	26	10	9	58	.291	251	84	84	62	11

Jerry Koosman

YEAR	G	GS	CG	W	L	SHO	SV	IP	H	R	ER	ERA	HR	BB	SO
1979	37	36	10	20	13	2	0	263.2	268	108	99	3.38	19	83	157
1980	38	34	8	16	13	0	2	243.1	252	119	109	4.04	24	69	149
1981	19	13	2	3	9	1	5	94.1	98	49	44	4.21	8	34	55

Andy Kosco

YEAR	G	AB	R	H	2B	3B	HR	RBI	AVG.	TB	BB	SO	SB	GDP
1965	23	55	3	13	4	0	1	6	.236	20	1	15	0	0
1966	57	158	11	35	5	0	2	13	.222	46	7	31	0	4
1967	9	28	4	4	1	0	0	4	.143	5	2	4	0	1

Frank Kostro

YEAR	G	AB	R	H	2B	3B	HR	RBI	AVG.	TB	BB	SO	SB	GDP
1964	59	103	10	28	5	0	3	12	.272	42	4	21	0	2
1965	20	31	2	5	2	0	0	1	.105	7	4	5	0	1
1967	32	31	4	10	0	0	0	2	.323	10	3	2	0	2
1968	63	108	9	26	4	1	0	9	.241	32	6	20	0	2
1969	2	2	0	0	0	0	0	0	.000	0	0	1	0	0

Jack Kralick

YEAR	G	AB	R	H	2B	3B	HR	RBI	AVG	TB	BB	SO	SB	GDP
1961	33	86	8	13	0	0	1	6	.151	16	2	14	0	1
1962	39	89	7	18	1	0	2	4	.202	25	4	27	0	5
1963	6	6	1	1	0	1	0	0	.167	3	2	3	0	0

YEAR	G	GS	CG	W	L	SHO	SV	IP	H	R	ER	ERA	HR	BB	SO
1961	33	33	11	13	11	2	-	242	257	101	97	3.61	21	64	137
1962	39	37	7	12	11	1	0	242.2	239	121	104	3.86	30	61	139
1963	5	5	1	1	4	1	0	25.2	28	16	11	3.81	2	8	13

Bill Krueger

YEAR	G	GS	CG	W	L	SHO	SV	IP	H	R	ER	ERA	HR	BB	SO
1992	27	27	2	10	6	2	0	161.1	166	82	77	4.30	18	46	86

Rusty Kuntz

YEAR	G	AB	R	H	2B	3B	HR	RBI	AVG	TB	BB	SO	SB	GDP
1983	31	100	13	19	3	0	3	5	.190	31	12	28	0	4

Craig Kusick

YEAR	G	AB	R	H	2B	3B	HR	RBI	AVG	TB	BB	SO	SB	GDP
1973	15	48	4	12	2	0	0	4	.250	14	7	9	0	0
1974	76	201	36	48	7	1	8	26	.239	81	35	36	0	5
1975	57	156	14	37	8	0	6	27	.237	63	21	23	0	3
1976	109	266	33	69	13	0	11	36	.259	115	35	44	5	3
1977	115	268	34	68	12	0	12	45	.254	116	49	60	3	14
1978	77	191	23	33	3	2	4	20	.173	52	37	38	3	8
1979	24	54	8	13	4	0	3	6	.241	26	3	11	0	1

Ken Landreaux

YEAR	G	AB	R	H	2B	3B	HR	RBI	AVG	TB	BB	SO	SB	GDP
1979	151	564	81	172	27	5	15	83	.305	254	37	57	10	13
1980	129	484	56	136	23	11	7	62	.281	202	39	42	8	13

Gene Larkin

YEAR	G	AB	R	H	2B	3B	HR	RBI	AVG	TB	BB	SO	SB	GDP
1987	85	233	23	62	11	2	4	28	.266	89	25	31	1	4
1988	149	505	56	135	30	2	8	70	.267	193	68	55	3	12
1989	136	446	61	119	25	1	6	46	.267	164	54	57	5	13
1990	119	401	46	108	26	4	5	42	.269	157	42	55	5	6
1991	98	255	34	73	14	1	2	19	.286	95	30	21	2	9
1992	115	337	38	83	18	1	6	42	.246	121	28	43	7	7
1993	56	144	17	38	7	1	1	19	.264	50	21	16	0	5

Dave LaRoche

YEAR	G	AB	R	H	2B	3B	HR	RBI	AVG	TB	BB	SO	SB	GDP
1972	62	11	2	1	0	0	0	0	.091	1	3	6	0	0

PLAYER STATISTICS

Dave LaRoche (cont.)

YEAR	G	GS	CG	W	L	SHO	SV	IP	H	R	ER	ERA	HR	BB	SO
1972	62	0	0	5	7	0	10	95.1	72	33	30	2.84	9	39	79

Fred Lasher

YEAR	G	AB	R	H	2B	3B	HR	RBI	AVG.	TB	BB	SO	SB	GDP
1963	11	1	0	0	0	0	0	0	.000	0	0	1	0	0

YEAR	G	GS	CG	W	L	SHO	SV	IP	H	R	ER	ERA	HR	BB	SO
1963	11	0	0	0	0	0	0	11.1	12	10	6	4.91	1	11	10

Bill Latham

YEAR	G	GS	CG	W	L	SHO	SV	IP	H	R	ER	ERA	HR	BB	SO
1986	7	2	0	0	1	0	0	16	24	14	13	7.31	1	6	8

Chris Latham

YEAR	G	AB	R	H	2B	3B	HR	RBI	AVG.	TB	BB	SO	SB	GDP
1997	15	22	4	4	1	0	0	1	.182	5	0	8	0	0

Tim Laudner

YEAR	G	AB	R	H	2B	3B	HR	RBI	AVG.	TB	BB	SO	SB	GDP
1981	14	43	4	7	2	0	2	5	.163	15	3	17	0	0
1982	93	306	37	78	19	1	7	33	.255	120	34	74	0	6
1983	62	168	20	31	9	0	6	18	.185	58	15	49	0	2
1984	87	262	31	54	16	1	10	35	.206	102	18	78	0	4
1985	72	164	16	39	5	0	7	19	.238	65	12	45	0	2
1986	76	193	21	47	10	0	10	29	.244	87	24	56	1	5
1987	113	288	30	55	7	1	16	4	.191	112	23	80	1	4
1988	117	375	38	94	18	1	13	54	.251	153	36	89	0	14
1989	100	239	24	53	11	1	6	27	.222	84	25	65	1	7

Matt Lawton

YEAR	G	AB	R	H	2B	3B	HR	RBI	AVG.	TB	BB	SO	SB	GDP
1995	21	60	11	19	4	1	1	12	.317	28	7	11	1	1
1996	79	252	34	65	7	1	6	42	.258	92	28	28	4	6
1997	142	460	74	114	29	3	14	60	.248	191	76	81	7	7

Charlie Lea

YEAR	G	GS	CG	W	L	SHO	SV	IP	H	R	ER	ERA	HR	BB	SO
1988	24	23	0	7	7	0	0	130	156	79	70	4.85	19	50	72

Terry Leach

YEAR	G	GS	CG	W	L	SHO	SV	IP	H	R	ER	ERA	HR	BB	SO
1990	55	0	0	2	5	0	2	81.2	84	31	29	3.2	2	21	46
1991	50	0	0	1	2	0	0	67.1	82	28	27	3.61	3	14	32

Derek Lee

YEAR	G	AB	R	H	2B	3B	HR	RBI	AVG.	TB	BB	SO	SB	GDP
1993	15	33	3	5	1	0	0	4	.152	6	1	4	0	0

DON LEE

YEAR	G	AB	R	H	2B	3B	HR	RBI	AVG.	TB	BB	SO	SB	GDP
1961	15	29	2	2	0	0	0	2	.069	2	0	12	0	0
1962	9	19	2	4	0	0	0	1	.211	4	1	7	0	0

YEAR	G	GS	CG	W	L	SHO	SV	IP	H	R	ER	ERA	HR	BB	SO
1961	37	10	4	3	6	0	-	115	93	49	45	3.52	12	35	65
1962	9	9	1	3	3	0	0	52	51	27	26	4.50	8	24	28

SCOTT LEIUS

YEAR	G	AB	R	H	2B	3B	HR	RBI	AVG.	TB	BB	SO	SB	GDP
1990	14	25	4	6	1	0	1	4	.240	10	2	2	0	2
1991	109	199	35	57	7	2	5	20	.286	83	30	35	5	4
1992	129	409	50	102	18	2	2	35	.249	130	34	61	6	10
1993	10	18	4	3	0	0	0	2	.167	3	2	4	0	1
1994	97	350	57	86	16	1	14	49	.246	146	37	58	2	9
1995	117	372	51	92	16	5	4	45	.247	130	49	54	2	14

JIM LEMON

YEAR	G	AB	R	H	2B	3B	HR	RBI	AVG.	TB	BB	SO	SB	GDP
1961	129	423	57	109	26	1	14	52	.258	179	44	98	1	11
1962	12	17	1	3	0	0	1	5	.176	6	3	4	0	1
1963	7	17	0	2	0	0	0	1	.118	2	1	5	0	0

TED LEPCIO

YEAR	G	AB	R	H	2B	3B	HR	RBI	AVG.	TB	BB	SO	SB	GDP
1961	47	112	11	19	3	1	7	19	.170	45	8	31	1	2

JIM LEWIS

YEAR	G	GS	CG	W	L	SHO	SV	IP	H	R	ER	ERA	HR	BB	SO
1983	6	0	0	0	0	0	0	18	24	13	13	6.50	5	7	8

NELSON LIRIANO

YEAR	G	AB	R	H	2B	3B	HR	RBI	AVG.	TB	BB	SO	SB	GDP
1990	53	185	30	47	5	7	0	13	.254	66	22	24	5	3

JOE LIS

YEAR	G	AB	R	H	2B	3B	HR	RBI	AVG.	TB	BB	SO	SB	GDP
1973	103	253	37	62	11	1	9	25	.245	102	28	66	0	13
1974	24	41	5	8	0	0	0	3	.195	8	5	12	0	2

JEFF LITTLE

YEAR	G	GS	CG	W	L	SHO	SV	IP	H	R	ER	ERA	HR	BB	SO
1982	33	0	0	2	0	0	0	36.1	33	20	17	4.21	6	27	26

STEVE LOMBARDOZZI

YEAR	G	AB	R	H	2B	3B	HR	RBI	AVG.	TB	BB	SO	SB	GDP
1985	28	54	10	20	4	1	0	6	.370	26	6	6	3	0

PLAYER STATISTICS

Steve Lombardozzi (cont.)

YEAR	G	AB	R	H	2B	3B	HR	RBI	AVG.	TB	BB	SO	SB	GDP
1986	156	453	53	103	20	5	8	33	.227	157	52	76	3	8
1987	136	432	51	103	19	3	8	38	.238	152	33	66	5	10
1988	103	287	34	60	15	2	3	27	.209	88	35	48	2	2

Bruce Look

YEAR	G	AB	R	H	2B	3B	HR	RBI	AVG.	TB	BB	SO	SB	GDP
1968	59	118	7	29	4	0	0	9	.246	33	20	24	0	5

Dwight Lowry

YEAR	G	AB	R	H	2B	3B	HR	RBI	AVG.	TB	BB	SO	SB	GDP
1988	6	7	0	0	0	0	0	0	.000	0	0	2	0	0

Steve Luebber

YEAR	G	AB	R	H	2B	3B	HR	RBI	AVG.	TB	BB	SO	SB	GDP
1971	19	19	0	1	0	0	0	0	.053	1	0	7	0	0
1972	2	0	0	0	0	0	0	0	....	0	0	0	0	0

YEAR	G	GS	CG	W	L	SHO	SV	IP	H	R	ER	ERA	HR	BB	SO
1971	18	12	0	2	5	0	1	68	73	42	38	5.03	7	37	35
1972	2	0	0	0	0	0	0	2.1	3	0	0	0.00	0	2	1
1976	38	12	2	4	5	1	2	119.1	109	57	53	4.01	9	62	45

Tom Lundstedt

YEAR	G	AB	R	H	2B	3B	HR	RBI	AVG.	TB	BB	SO	SB	GDP
1975	18	28	2	3	0	0	0	1	.107	3	4	5	0	1

Rick Lysander

YEAR	G	GS	CG	W	L	SHO	SV	IP	H	R	ER	ERA	HR	BB	SO
1983	61	4	1	5	12	1	3	125	132	63	47	3.38	8	43	58
1984	36	0	0	4	3	0	5	56.2	62	23	22	3.49	2	27	22
1985	35	1	0	0	2	0	3	61	72	43	41	6.05	3	22	26

Kevin Maas

YEAR	G	AB	R	H	2B	3B	HR	RBI	AVG.	TB	BB	SO	SB	GDP
1995	22	57	5	11	4	0	1	5	.193	18	7	11	0	4

Shane Mack

YEAR	G	AB	R	H	2B	3B	HR	RBI	AVG.	TB	BB	SO	SB	GDP
1990	125	313	50	102	10	4	8	44	.326	144	29	69	13	7
1991	143	442	79	137	27	8	18	74	.310	234	34	79	13	11
1992	156	600	101	189	31	6	16	75	.315	280	64	106	26	8
1993	128	503	66	139	30	4	10	61	.276	207	41	76	15	13
1994	81	303	55	101	21	2	15	61	.333	171	32	51	4	11

Pete Mackanin

YEAR	G	AB	R	H	2B	3B	HR	RBI	AVG.	TB	BB	SO	SB	GDP
1980	108	319	31	85	18	0	4	35	.266	115	14	33	6	7
1981	77	225	21	52	7	1	4	18	.231	73	7	40	1	4

Pat Mahomes

YEAR	G	AB	R	H	2B	3B	HR	RBI	AVG.	TB	BB	SO	SB	GDP
1994	22	0	1	0	0	0	0	0	.000	0	0	0	0	0

YEAR	G	GS	CG	W	L	SHO	SV	IP	H	R	ER	ERA	HR	BB	SO
1992	14	13	0	3	4	0	0	69.2	73	41	39	5.04	5	37	44
1993	12	5	0	1	5	0	0	37.1	47	34	32	7.71	8	16	23
1994	21	21	0	9	5	0	0	120	121	68	63	4.73	22	62	53
1995	47	7	0	4	10	0	3	94.2	100	74	67	6.37	22	47	67
1996	20	5	0	1	4	0	0	45	63	38	36	7.20	10	27	30

Mike Maksudian

YEAR	G	AB	R	H	2B	3B	HR	RBI	AVG.	TB	BB	SO	SB	GDP
1993	5	12	2	2	1	0	0	2	.167	3	4	2	0	2

Jim Manning

YEAR	G	AB	R	H	2B	3B	HR	RBI	AVG.	TB	BB	SO	SB	GDP
1962	5	1	0	0	0	0	0	0	.000	0	0	0	0	0

YEAR	G	GS	CG	W	L	SHO	SV	IP	H	R	ER	ERA	HR	BB	SO
1962	5	1	0	0	0	0	0	7	14	10	4	5.14	0	1	3

Fred Manrique

YEAR	G	AB	R	H	2B	3B	HR	RBI	AVG.	TB	BB	SO	SB	GDP
1990	69	228	22	54	10	0	5	29	.237	79	4	35	2	8

Charlie Manuel

YEAR	G	AB	R	H	2B	3B	HR	RBI	AVG.	TB	BB	SO	SB	GDP
1969	83	164	14	34	6	0	2	24	.207	46	28	33	1	3
1970	59	64	4	12	0	0	1	7	.188	15	6	17	0	1
1971	18	16	1	2	1	0	0	1	.125	3	1	8	0	0
1972	63	122	6	25	5	0	1	8	.205	33	4	16	0	1

Georges Maranda

YEAR	G	AB	R	H	2B	3B	HR	RBI	AVG.	TB	BB	SO	SB	GDP
1962	32	16	0	4	2	0	0	1	.250	6	1	6	0	1

YEAR	G	GS	CG	W	L	SHO	SV	IP	H	R	ER	ERA	HR	BB	SO
1962	32	4	0	1	3	0	0	72.2	69	43	36	4.46	11	35	36

Mike Marshall

YEAR	G	GS	CG	W	L	SHO	SV	IP	H	R	ER	ERA	HR	BB	SO
1978	54	0	0	10	12	0	21	99	80	31	27	2.45	3	37	56

PLAYER STATISTICS   **103**

Mike Marshall (cont.)

YEAR	G	GS	CG	W	L	SHO	SV	IP	H	R	ER	ERA	HR	BB	SO
1979	90	1	0	10	15	0	32	142.2	132	47	42	2.64	8	48	81
1980	18	0	0	1	3	0	1	32.1	42	23	22	6.19	2	12	13

Billy Martin

YEAR	G	AB	R	H	2B	3B	HR	RBI	AVG.	TB	BB	SO	SB	GDP
1961	108	374	44	92	15	5	6	36	.246	135	13	42	3	9

Orlando Martinez

YEAR	G	AB	R	H	2B	3B	HR	RBI	AVG.	TB	BB	SO	SB	GDP
1962	37	18	13	3	0	1	0	3	.167	5	3	4	0	0

Tippy Martinez

YEAR	G	GS	CG	W	L	SHO	SV	IP	H	R	ER	ERA	HR	BB	SO
1988	3	0	0	0	0	0	0	4	8	9	8	18.00	1	4	3

Mike Mason

YEAR	G	GS	CG	W	L	SHO	SV	IP	H	R	ER	ERA	HR	BB	SO
1988	5	0	0	0	1	0	0	6.2	8	8	8	10.80	1	9	7

Dan Masteller

YEAR	G	AB	R	H	2B	3B	HR	RBI	AVG.	TB	BB	SO	SB	GDP
1995	71	198	21	47	12	0	3	21	.237	68	18	19	1	7

Joe McCabe

YEAR	G	AB	R	H	2B	3B	HR	RBI	AVG.	TB	BB	SO	SB	GDP
1964	14	19	1	3	0	0	0	2	.158	3	0	8	0	0

David McCarty

YEAR	G	AB	R	H	2B	3B	HR	RBI	AVG.	TB	BB	SO	SB	GDP
1993	98	350	36	75	15	2	2	21	.214	100	19	80	2	13
1994	44	131	21	34	8	2	1	12	.260	49	7	32	2	3
1995	25	55	10	12	3	1	0	4	.218	17	4	18	0	1

Danny McDevitt

YEAR	G	AB	R	H	2B	3B	HR	RBI	AVG.	TB	BB	SO	SB	GDP
1961	4	4	1	0	0	0	0	0	.000	0	0	4	0	0

YEAR	G	GS	CG	W	L	SHO	SV	IP	H	R	ER	ERA	HR	BB	SO
1961	16	1	0	1	0	0	-	26.2	20	11	7	2.36	1	19	15

Dave McKay

YEAR	G	AB	R	H	2B	3B	HR	RBI	AVG.	TB	BB	SO	SB	GDP
1975	33	125	8	32	4	1	2	16	.256	44	6	14	1	4
1976	45	138	8	28	2	0	0	8	.203	30	9	27	1	6

Pat Meares

YEAR	G	AB	R	H	2B	3B	HR	RBI	AVG.	TB	BB	SO	SB	GDP
1993	111	346	33	87	14	3	0	33	.251	107	7	52	4	11
1994	80	229	29	61	12	1	2	24	.266	81	14	50	5	3
1995	116	390	57	105	19	4	12	49	.269	168	15	68	10	17
1996	152	517	66	138	26	7	8	67	.267	202	17	90	9	19
1997	134	439	63	121	23	3	10	60	.276	180	18	86	7	9

Dave Meier

YEAR	G	AB	R	H	2B	3B	HR	RBI	AVG.	TB	BB	SO	SB	GDP
1984	59	147	18	35	8	1	0	13	.238	45	6	9	0	5
1985	71	104	15	27	6	0	1	8	.260	36	18	12	0	0

Minnie Mendoza

YEAR	G	AB	R	H	2B	3B	HR	RBI	AVG.	TB	BB	SO	SB	GDP
1970	16	16	2	3	0	0	0	2	.188	3	0	1	0	0

Orlando Mercado

YEAR	G	AB	R	H	2B	3B	HR	RBI	AVG.	TB	BB	SO	SB	GDP
1989	19	38	1	4	0	0	0	1	.105	4	4	4	1	0

Brett Merriman

YEAR	G	GS	CG	W	L	SHO	SV	IP	H	R	ER	ERA	HR	BB	SO
1993	19	0	0	1	1	0	0	27	36	29	29	9.67	3	23	14
1994	15	0	0	0	1	0	0	17	18	13	12	6.35	0	14	10

Jim Merritt

YEAR	G	AB	R	H	2B	3B	HR	RBI	AVG.	TB	BB	SO	SB	GDP
1965	16	22	1	3	0	0	0	3	.136	3	2	14	0	0
1966	31	39	2	4	1	0	0	1	.103	5	4	16	0	1
1967	37	74	4	10	3	0	0	2	.135	13	7	33	0	2
1968	38	71	1	10	2	0	0	1	.141	12	5	22	0	2

YEAR	G	GS	CG	W	L	SHO	SV	IP	H	R	ER	ERA	HR	BB	SO
1965	16	9	1	5	4	0	2	76.2	68	29	27	3.16	11	20	61
1966	31	18	5	7	14	1	3	144	112	57	54	3.38	17	33	124
1967	37	28	11	13	7	4	0	227.2	196	72	64	2.53	21	30	161
1968	38	34	11	12	16	1	1	238.1	207	102	86	3.25	21	52	181

Matt Merullo

YEAR	G	AB	R	H	2B	3B	HR	RBI	AVG.	TB	BB	SO	SB	GDP
1995	76	195	19	55	14	1	1	27	.282	74	14	27	0	5

Larry Milbourne

YEAR	G	AB	R	H	2B	3B	HR	RBI	AVG.	TB	BB	SO	SB	GDP
1982	29	98	9	23	1	1	0	1	.235	26	7	8	1	5

PLAYER STATISTICS

Mike Milchin

YEAR	G	GS	CG	W	L	SHO	SV	IP	H	R	ER	ERA	HR	BB	SO
1996	26	0	0	2	1	0	0	21.2	31	21	20	8.31	6	12	19

Bob Miller

YEAR	G	AB	R	H	2B	3B	HR	RBI	AVG.	TB	BB	SO	SB	GDP
1968	45	7	0	1	0	0	0	1	.143	1	0	3	0	0
1969	48	31	0	0	0	0	0	0	.000	0	1	17	0	1

YEAR	G	GS	CG	W	L	SHO	SV	IP	H	R	ER	ERA	HR	BB	SO
1968	45	0	0	0	3	0	2	72.1	65	26	22	2.75	1	24	41
1969	48	11	1	5	5	0	3	119.1	118	42	40	3.03	9	32	57

Damian Miller

YEAR	G	AB	R	H	2B	3B	HR	RBI	AVG.	TB	BB	SO	SB	GDP
1997	25	66	5	18	1	0	2	13	.273	25	2	12	0	2

Travis Miller

YEAR	G	GS	CG	W	L	SHO	SV	IP	H	R	ER	ERA	HR	BB	SO
1996	7	7	0	1	2	0	0	26.1	45	29	27	9.23	7	9	15
1997	13	7	0	1	5	0	0	48.1	64	49	41	7.63	8	23	26

Don Mincher

YEAR	G	AB	R	H	2B	3B	HR	RBI	AVG.	TB	BB	SO	SB	GDP
1961	35	101	18	19	5	1	5	11	.188	41	22	12	0	5
1962	86	121	20	29	1	1	9	29	.240	59	34	24	0	4
1963	82	225	41	58	8	0	17	42	.258	117	30	51	0	0
1964	120	287	45	68	12	4	23	56	.237	157	27	51	0	8
1965	128	346	43	87	17	3	22	65	.251	176	49	73	1	3
1966	139	431	53	108	30	0	14	62	.251	180	58	68	3	13

Bobby Mitchell

YEAR	G	AB	R	H	2B	3B	HR	RBI	AVG.	TB	BB	SO	SB	GDP
1982	124	454	48	113	11	6	2	28	.249	142	54	53	8	6
1983	59	152	26	35	4	2	1	15	.230	46	28	21	1	3

George Mitterwald

YEAR	G	AB	R	H	2B	3B	HR	RBI	AVG.	TB	BB	SO	SB	GDP
1966	3	5	1	1	0	0	0	0	.200	1	0	0	0	0
1968	11	34	1	7	1	0	0	1	.206	8	3	8	0	1
1969	69	187	18	48	8	0	5	13	.257	71	17	47	0	6
1970	117	369	36	82	12	2	15	46	.222	143	34	84	3	11
1971	125	388	38	97	13	1	13	44	.250	151	39	104	3	9
1972	64	163	12	30	4	1	1	8	.184	39	9	37	0	5
1973	125	432	50	112	15	0	16	64	.259	175	39	111	3	10

PLAYER STATISTICS

PAUL MOLITOR

YEAR	G	AB	R	H	2B	3B	HR	RBI	AVG.	TB	BB	SO	SB	GDP
1996	161	660	99	225	41	8	9	113	.341	309	56	72	18	21
1997	135	538	63	164	32	4	10	89	.305	234	45	73	11	8

DAN MONZON

YEAR	G	AB	R	H	2B	3B	HR	RBI	AVG.	TB	BB	SO	SB	GDP
1972	55	55	13	15	1	0	0	5	.273	16	8	12	1	1
1973	39	76	10	17	1	1	0	4	.224	20	11	9	1	0

RAY MOORE

YEAR	G	AB	R	H	2B	3B	HR	RBI	AVG.	TB	BB	SO	SB	GDP
1961	6	4	0	0	0	0	0	0	.000	0	2	1	0	1
1962	49	5	0	0	0	0	0	0	.000	0	0	3	0	0
1963	31	3	0	1	0	0	0	0	.333	1	0	0	0	1

YEAR	G	GS	CG	W	L	SHO	SV	IP	H	R	ER	ERA	HR	BB	SO
1961	46	0	0	4	4	0	-	56.1	49	23	23	3.67	8	38	45
1962	49	0	0	8	3	0	6	64.2	55	35	34	4.73	8	30	58
1963	31	1	0	1	3	0	0	38.2	50	34	30	6.92	8	17	38

JOSE MORALES

YEAR	G	AB	R	H	2B	3B	HR	RBI	AVG.	TB	BB	SO	SB	GDP
1978	101	242	22	76	13	1	2	38	.314	97	20	35	0	10
1979	92	191	21	51	5	1	2	27	.267	64	14	27	0	10
1980	97	241	36	73	17	2	8	36	.303	118	22	19	0	11

DANNY MORRIS

YEAR	G	AB	R	H	2B	3B	HR	RBI	AVG.	TB	BB	SO	SB	GDP
1968	3	3	1	0	0	0	0	0	.000	0	0	1	0	0
1969	3	0	0	0	0	0	0	0	....	0	0	0	0	0

YEAR	G	GS	CG	W	L	SHO	SV	IP	H	R	ER	ERA	HR	BB	SO
1968	3	2	0	0	1	0	0	10.2	11	5	2	1.64	0	4	6
1969	3	1	0	0	1	0	0	5.1	5	4	3	5.40	1	4	1

JACK MORRIS

YEAR	G	GS	CG	W	L	SHO	SV	IP	H	R	ER	ERA	HR	BB	SO
1991	35	35	10	18	12	2	0	246.2	226	107	94	3.43	18	92	163

JOHN MOSES

YEAR	G	AB	R	H	2B	3B	HR	RBI	AVG.	TB	BB	SO	SB	GDP
1988	105	206	33	65	10	3	2	12	.316	87	15	21	11	4
1989	129	242	33	68	12	3	1	31	.281	89	19	23	14	5
1990	115	172	26	38	3	1	1	14	.221	46	19	19	2	4

PLAYER STATISTICS

John Moses (cont.)

YEAR	G	GS	CG	W	L	SHO	SV	IP	H	R	ER	ERA	HR	BB	SO
1989	1	0	0	0	0	0	0	1	0	0	0	0.00	0	1	0
1990	2	0	0	0	0	0	0	2	5	3	3	13.5	0	2	0

Oscar Munoz

YEAR	G	GS	CG	W	L	SHO	SV	IP	H	R	ER	ERA	HR	BB	SO
1995	10	3	0	2	1	0	0	35.1	40	28	22	5.60	6	17	25

Pedro Munoz

YEAR	G	AB	R	H	2B	3B	HR	RBI	AVG.	TB	BB	SO	SB	GDP
1990	22	85	13	23	4	1	0	5	.271	29	2	16	3	3
1991	51	138	15	39	7	1	7	26	.283	69	9	31	3	2
1992	127	418	44	113	16	3	12	71	.270	171	17	90	4	18
1993	104	326	34	76	11	1	13	38	.233	128	25	97	1	7
1994	75	244	35	72	15	2	11	36	.295	124	19	67	0	4
1995	104	376	45	113	17	0	18	58	.301	184	19	86	0	14

Greg Myers

YEAR	G	AB	R	H	2B	3B	HR	RBI	AVG.	TB	BB	SO	SB	GDP
1996	97	329	37	94	22	3	6	47	.286	140	19	52	0	11
1997	62	165	24	44	11	1	5	28	.267	72	16	29	0	4

Hal Naragon

YEAR	G	AB	R	H	2B	3B	HR	RBI	AVG.	TB	BB	SO	SB	GDP
1961	57	139	10	42	2	1	2	11	.302	52	4	8	0	5
1962	24	35	1	8	1	0	0	3	.229	9	3	1	0	1

Cotton Nash

YEAR	G	AB	R	H	2B	3B	HR	RBI	AVG.	TB	BB	SO	SB	GDP
1969	6	9	0	2	0	0	0	0	.222	2	1	2	0	0
1970	4	4	1	1	0	0	0	2	.250	1	1	1	0	0

Dan Naulty

YEAR	G	GS	CG	W	L	SHO	SV	IP	H	R	ER	ERA	HR	BB	SO
1996	49	0	0	3	2	0	4	57	43	26	24	3.79	5	35	56
1997	29	0	0	1	1	0	1	30.2	29	20	20	5.87	8	10	23

Denny Neagle

YEAR	G	GS	CG	W	L	SHO	SV	IP	H	R	ER	ERA	HR	BB	SO
1991	7	3	0	0	1	0	0	20	28	9	9	4.05	3	7	14

Mel Nelson

YEAR	G	AB	R	H	2B	3B	HR	RBI	AVG.	TB	BB	SO	SB	GDP
1965	28	9	0	1	0	0	0	.111	1	0	5	0	0
1967	1	0	0	0	0	0	0	....	0	0	0	0	0

Mel Nelson (cont.)

YEAR	G	GS	CG	W	L	SHO	SV	IP	H	R	ER	ERA	HR	BB	SO
1965	28	3	0	0	4	0	3	54.2	57	29	25	4.09	7	23	31
1967	1	0	0	0	0	0	0	0.1	3	2	2	54.00	1	0	0

Graig Nettles

YEAR	G	AB	R	H	2B	3B	HR	RBI	AVG.	TB	BB	SO	SB	GDP
1967	3	3	0	1	1	0	0	0	.333	2	0	0	0	0
1968	22	76	13	17	2	1	5	8	.224	36	7	20	0	2
1969	96	225	27	50	9	2	7	26	.222	84	32	47	1	6

Jim Nettles

YEAR	G	AB	R	H	2B	3B	HR	RBI	AVG.	TB	BB	SO	SB	GDP
1970	13	20	3	5	0	0	0	0	.250	5	1	5	0	0
1971	70	168	17	42	5	1	6	24	.250	67	19	24	3	2
1972	102	235	28	48	5	2	4	15	.204	69	32	52	4	5

Al Newman

YEAR	G	AB	R	H	2B	3B	HR	RBI	AVG.	TB	BB	SO	SB	GDP
1987	110	307	44	68	15	5	0	29	.221	93	34	27	15	5
1988	105	260	35	58	7	0	0	19	.223	65	29	34	12	4
1989	141	446	62	113	18	2	0	38	.253	135	59	46	25	3
1990	144	388	43	94	14	0	0	30	.242	108	33	34	13	7
1991	118	246	25	47	5	0	0	19	.191	52	23	21	4	5

Joe Niekro

YEAR	G	GS	CG	W	L	SHO	SV	IP	H	R	ER	ERA	HR	BB	SO
1987	19	18	0	4	9	0	0	96.1	115	76	67	6.26	11	45	54
1988	5	2	0	1	1	0	0	11.2	16	13	13	10.03	2	9	7

Randy Niemann

YEAR	G	GS	CG	W	L	SHO	SV	IP	H	R	ER	ERA	HR	BB	SO
1987	6	0	0	1	0	0	0	5.1	3	5	5	8.44	0	7	1

Chuck Nieson

YEAR	G	AB	R	H	2B	3B	HR	RBI	AVG.	TB	BB	SO	SB	GDP
1964	2	0	0	0	0	0	0	0	...	0	0	0	0	0

YEAR	G	GS	CG	W	L	SHO	SV	IP	H	R	ER	ERA	HR	BB	SO
1964	2	0	0	0	0	0	0	2	1	1	1	4.50	1	1	5

Tom Nieto

YEAR	G	AB	R	H	2B	3B	HR	RBI	AVG.	TB	BB	SO	SB	GDP
1987	41	105	7	21	7	1	1	12	.200	33	8	24	0	1
1988	24	60	1	4	0	0	0	0	.067	4	1	17	0	2

Camilo Pascual

Pedro Ramos

PLAYER STATISTICS

Russ Nixon

YEAR	G	AB	R	H	2B	3B	HR	RBI	AVG.	TB	BB	SO	SB	GDP
1966	51	96	5	25	2	1	0	7	.260	29	7	13	0	2
1967	74	170	16	40	6	1	1	22	.235	51	18	29	0	4

Tom Norton

YEAR	G	GS	CG	W	L	SHO	SV	IP	H	R	ER	ERA	HR	BB	SO
1972	21	0	0	0	1	0	0	32.1	31	14	10	2.81	1	14	22

Willie Norwood

YEAR	G	AB	R	H	2B	3B	HR	RBI	AVG.	TB	BB	SO	SB	GDP
1977	39	83	15	19	3	0	3	9	.229	31	6	17	6	1
1978	125	428	56	109	22	3	8	46	.255	161	28	64	25	15
1979	96	270	32	67	13	3	6	30	.248	104	20	51	9	8
1980	34	73	6	12	2	0	1	8	.164	17	3	13	1	3

Joe Nossek

YEAR	G	AB	R	H	2B	3B	HR	RBI	AVG.	TB	BB	SO	SB	GDP
1964	7	1	1	0	0	0	0	0	.000	0	0	0	0	0
1965	87	170	19	37	9	0	2	16	.218	52	7	22	2	5
1966	4	0	0	0	0	0	0	0	....	0	0	0	0	0

Jack O'Connor

YEAR	G	GS	CG	W	L	SHO	SV	IP	H	R	ER	ERA	HR	BB	SO
1981	28	0	0	3	2	0	0	35.1	46	27	23	5.91	3	30	16
1982	23	19	6	8	9	1	0	126	122	63	60	4.29	13	57	56
1983	27	8	0	2	3	0	0	83	107	59	54	5.86	13	36	56
1984	2	0	0	0	0	0	0	4.2	1	1	1	1.93	1	4	0

Bryan Oelkers

YEAR	G	GS	CG	W	L	SHO	SV	IP	H	R	ER	ERA	HR	BB	SO
1983	10	8	0	0	5	0	0	34.1	56	34	33	8.65	7	17	13

Tony Oliva

YEAR	G	AB	R	H	2B	3B	HR	RBI	AVG.	TB	BB	SO	SB	GDP
1962	9	9	3	4	1	0	0	3	.444	5	3	2	0	0
1963	7	7	0	3	0	0	0	1	.429	3	0	2	0	0
1964	161	672	109	217	43	9	32	94	.323	374	34	68	12	9
1965	149	576	107	185	40	5	16	98	.321	283	55	64	19	8
1966	159	622	99	191	32	7	25	87	.307	312	42	72	13	16
1967	146	557	76	161	34	6	17	83	.289	258	44	61	11	9
1968	128	470	54	136	24	5	18	68	.289	224	45	61	10	10
1969	153	637	97	197	39	4	24	101	.309	316	45	66	10	10
1970	157	628	96	204	36	7	23	107	.325	323	38	67	5	16
1971	126	487	73	164	30	3	22	81	.337	266	25	44	4	21
1972	10	28	1	9	1	0	0	1	.321	10	2	5	0	1
1973	146	571	63	166	20	0	16	92	.291	234	45	44	2	13
1974	127	459	43	131	16	2	13	57	.285	190	27	31	0	14

Tony Oliva (cont.)

YEAR	G	AB	R	H	2B	3B	HR	RBI	AVG.	TB	BB	SO	SB	GDP
1975	131	455	46	123	10	0	13	58	.270	172	41	45	0	10
1976	67	123	3	26	3	0	1	16	.211	32	2	13	0	2

Francisco Oliveras

YEAR	G	GS	CG	W	L	SHO	SV	IP	H	R	ER	ERA	HR	BB	SO
1989	12	8	1	3	4	0	0	55.2	64	28	28	4.53	8	15	24

Jim Ollom

YEAR	G	AB	R	H	2B	3B	HR	RBI	AVG.	TB	BB	SO	SB	GDP
1966	3	2	0	0	0	0	0	0	.000	0	0	1	0	0
1967	21	5	0	1	0	0	0	0	.200	1	0	1	0	0

YEAR	G	GS	CG	W	L	SHO	SV	IP	H	R	ER	ERA	HR	BB	SO
1966	3	1	0	0	0	0	0	10	6	4	4	3.60	1	1	11
1967	21	2	0	0	1	0	0	35	33	24	21	5.40	4	11	17

Greg Olson

YEAR	G	AB	R	H	2B	3B	HR	RBI	AVG.	TB	BB	SO	SB	GDP
1989	3	2	0	1	0	0	0	0	.500	1	0	0	0	0

Gregg Olson

YEAR	G	GS	CG	W	L	SHO	SV	IP	H	R	ER	ERA	HR	BB	SO
1997	11	0	0	0	0	0	0	8.1	19	17	17	18.36	0	11	6

David Ortiz

YEAR	G	AB	R	H	2B	3B	HR	RBI	AVG.	TB	BB	SO	SB	GDP
1997	15	49	10	16	3	0	1	6	.327	22	2	19	0	1

Junior Ortiz

YEAR	G	AB	R	H	2B	3B	HR	RBI	AVG.	TB	BB	SO	SB	GDP
1990	71	170	18	57	7	1	0	18	.335	66	12	16	0	4
1991	61	134	9	28	5	1	0	11	.209	35	15	12	0	6

John Pacella

YEAR	G	GS	CG	W	L	SHO	SV	IP	H	R	ER	ERA	HR	BB	SO
1982	21	1	0	1	2	0	2	51.2	61	48	42	7.32	14	37	20

Mike Pagliarulo

YEAR	G	AB	R	H	2B	3B	HR	RBI	AVG.	TB	BB	SO	SB	GDP
1991	121	365	38	102	20	0	6	36	.279	140	21	55	1	9
1992	42	105	10	21	4	0	0	9	.200	25	1	17	1	1
1993	83	253	31	74	16	4	3	23	.292	107	18	34	6	5

Ed Palmquist

YEAR	G	AB	R	H	2B	3B	HR	RBI	AVG.	TB	BB	SO	SB	GDP
1961	2	3	1	0	0	0	0	0	.000	0	0	0	0	0

Ed Palmquist (cont.)

YEAR	G	GS	CG	W	L	SHO	SV	IP	H	R	ER	ERA	HR	BB	SO
1961	9	2	0	1	1	0	-	21.1	33	23	22	9.70	7	13	13

Derek Parks

YEAR	G	AB	R	H	2B	3B	HR	RBI	AVG.	TB	BB	SO	SB	GDP
1992	7	6	1	2	0	0	0	0	.333	2	1	1	0	0
1993	7	20	3	4	0	0	0	1	.200	4	1	2	0	0
1994	31	89	6	17	6	0	1	9	.191	26	4	20	0	2

Jose Parra

YEAR	G	GS	CG	W	L	SHO	SV	IP	H	R	ER	ERA	HR	BB	SO
1995	12	12	0	1	5	0	0	61.2	83	59	52	7.59	11	22	29
1996	27	5	0	5	5	0	0	70	88	48	47	6.04	15	27	50

Camilo Pascual

YEAR	G	AB	R	H	2B	3B	HR	RBI	AVG.	TB	BB	SO	SB	GDP
1961	33	85	4	14	3	0	0	4	.165	17	5	15	0	5
1962	34	97	9	26	4	0	2	19	.268	36	6	8	0	3
1963	33	92	9	23	5	1	0	12	.250	30	3	15	0	3
1964	36	94	3	17	7	0	0	8	.181	24	8	9	0	1
1965	27	60	7	12	1	0	2	8	.200	19	2	8	0	2
1966	21	37	3	8	1	0	0	1	.216	9	0	5	0	3

YEAR	G	GS	CG	W	L	SHO	SV	IP	H	R	ER	ERA	HR	BB	SO
1961	35	33	15	15	16	8	-	252.1	205	114	97	3.46	26	100	221
1962	34	33	18	20	11	5	0	257.2	236	100	95	3.32	25	59	206
1963	31	31	18	21	9	3	0	248.1	205	76	68	2.47	21	81	202
1964	36	36	14	15	12	1	0	267.1	245	121	98	3.30	30	98	213
1965	27	27	5	9	3	1	0	156	126	67	58	3.35	12	63	96
1966	21	19	2	8	6	0	0	103	113	63	56	4.89	9	30	56

Larry Pashnick

YEAR	G	GS	CG	W	L	SHO	SV	IP	H	R	ER	ERA	HR	BB	SO
1984	13	1	0	2	1	0	0	38.1	38	19	15	3.52	3	11	10

Frank Pastore

YEAR	G	GS	CG	W	L	SHO	SV	IP	H	R	ER	ERA	HR	BB	SO
1986	33	1	0	3	1	0	2	49.1	54	28	22	4.01	4	24	18

Mike Pazik

YEAR	G	GS	CG	W	L	SHO	SV	IP	H	R	ER	ERA	HR	BB	SO
1975	5	3	0	0	4	0	0	19.2	28	20	18	8.10	5	10	8
1976	5	0	0	0	0	0	0	9	13	9	7	7.00	0	4	6
1977	3	3	0	1	0	0	0	18	18	5	5	2.50	1	6	6

Sam Perlozzo

YEAR	G	AB	R	H	2B	3B	HR	RBI	AVG.	TB	BB	SO	SB	GDP
1977	10	24	6	7	0	2	0	0	.292	11	2	3	0	0

Ron Perranoski

YEAR	G	AB	R	H	2B	3B	HR	RBI	AVG.	TB	BB	SO	SB	GDP
1968	66	7	0	0	0	0	0	0	.000	0	0	3	0	0
1969	75	24	1	2	0	0	0	1	.083	2	2	14	0	1
1970	67	24	0	1	0	0	0	0	.042	1	0	15	0	0
1971	36	3	0	0	0	0	0	0	.000	0	0	1	0	0

YEAR	G	GS	CG	W	L	SHO	SV	IP	H	R	ER	ERA	HR	BB	SO
1968	66	0	0	8	7	0	5	87	86	36	30	3.10	5	38	65
1969	75	0	0	9	10	0	31	119.2	85	32	28	2.10	4	52	62
1970	67	0	0	7	8	0	34	111	108	38	30	2.43	7	42	55
1971	36	0	0	1	4	0	5	42.2	60	39	32	6.70	2	28	21

Jim Perry

YEAR	G	AB	R	H	2B	3B	HR	RBI	AVG.	TB	BB	SO	SB	GDP
1963	40	51	5	11	2	0	0	4	.208	13	6	12	0	1
1964	41	13	0	2	0	0	0	1	.154	2	0	4	0	1
1965	36	53	3	9	1	1	0	3	.170	12	1	16	0	0
1966	33	59	5	13	4	0	1	7	.220	20	5	18	0	0
1967	39	42	2	8	1	0	1	7	.190	12	0	6	0	2
1968	32	42	4	6	1	0	2	5	.143	13	2	12	0	1
1969	47	93	8	16	3	1	0	7	.172	21	3	24	0	5
1970	41	97	9	24	4	0	1	6	.247	31	1	14	0	1
1971	40	92	10	17	0	0	0	5	.185	17	7	18	0	4
1972	35	71	3	11	1	0	0	1	.155	12	3	14	0	0

YEAR	G	GS	CG	W	L	SHO	SV	IP	H	R	ER	ERA	HR	BB	SO
1963	35	25	5	9	9	1	0	168.1	167	77	70	3.74	17	57	65
1964	42	1	0	6	3	0	1	65.1	61	26	25	3.46	7	23	55
1965	36	19	4	12	7	2	0	167.2	142	57	49	2.63	18	47	88
1966	33	25	8	11	7	1	0	184	149	61	52	2.54	17	53	122
1967	37	11	3	8	7	2	0	130.2	123	51	44	3.02	8	50	94
1968	32	18	3	8	6	2	1	139	113	37	35	2.27	8	26	69
1969	46	36	12	20	6	3	0	261.2	244	87	82	2.82	18	66	153
1970	40	40	13	24	12	4	0	278.2	258	112	94	3.03	20	57	168
1971	40	39	8	17	17	0	1	270	263	135	127	4.23	39	102	126
1972	35	35	5	13	16	2	0	217.2	191	93	81	3.34	14	60	85

Stan Perzanowski

YEAR	G	GS	CG	W	L	SHO	SV	IP	H	R	ER	ERA	HR	BB	SO
1978	13	7	1	2	7	0	1	56.2	59	37	33	5.21	1	26	31

Jay Pettibone

YEAR	G	GS	CG	W	L	SHO	SV	IP	H	R	ER	ERA	HR	BB	SO
1983	4	4	1	0	4	0	0	27	28	16	16	5.33	8	8	10

Chris Pittaro

YEAR	G	AB	R	H	2B	3B	HR	RBI	AVG.	TB	BB	SO	SB	GDP
1986	11	21	0	2	0	0	0	0	.095	2	0	8	0	0
1987	14	12	6	4	0	0	0	0	.333	4	1	0	1	0

Bill Pleis

YEAR	G	AB	R	H	2B	3B	HR	RBI	AVG.	TB	BB	SO	SB	GDP
1961	9	9	0	1	0	0	0	0	.111	1	0	5	0	0
1962	21	14	1	4	0	0	0	1	.286	4	1	5	0	0
1963	36	16	2	2	0	0	0	1	.125	2	3	11	0	0
1964	47	4	2	1	0	0	0	0	.250	1	1	2	0	0
1965	41	7	0	0	0	0	0	0	.000	0	0	3	0	0
1966	8	0	0	0	0	0	0	0	....	0	0	0	0	0

YEAR	G	GS	CG	W	L	SHO	SV	IP	H	R	ER	ERA	HR	BB	SO
1961	37	0	0	4	2	0	-	56.1	59	35	31	4.95	4	34	32
1962	21	4	0	2	5	0	0	45	46	27	22	4.40	7	14	31
1963	36	4	1	6	2	0	0	68	67	37	33	4.37	10	16	37
1964	47	0	0	4	1	0	2	50.2	43	23	22	3.88	6	31	42
1965	41	2	0	4	4	0	2	51.1	49	20	17	3.00	3	27	33
1966	8	0	0	1	2	0	0	9.1	5	6	2	2.00	1	4	9

Mike Poepping

YEAR	G	AB	R	H	2B	3B	HR	RBI	AVG.	TB	BB	SO	SB	GDP
1975	14	37	0	5	1	0	0	1	.135	6	5	7	0	2

Mark Portugal

YEAR	G	GS	CG	W	L	SHO	SV	IP	H	R	ER	ERA	HR	BB	SO
1985	6	4	0	1	3	0	0	24.1	24	16	15	5.55	3	14	12
1986	27	15	3	6	10	0	1	112.2	112	56	54	4.31	10	50	67
1987	13	7	0	1	3	0	0	44	58	40	38	7.77	13	24	28
1988	26	0	0	3	3	0	3	57.2	60	30	29	4.53	11	17	31

Wally Post

YEAR	G	AB	R	H	2B	3B	HR	RBI	AVG.	TB	BB	SO	SB	GDP
1963	21	47	6	9	0	1	2	6	.191	17	2	17	0	1

Hosken Powell

YEAR	G	AB	R	H	2B	3B	HR	RBI	AVG.	TB	BB	SO	SB	GDP
1978	121	381	55	94	20	2	3	31	.247	127	45	31	11	5
1979	104	338	49	99	17	3	2	36	.293	128	33	25	5	9
1980	137	485	58	127	17	5	6	35	.262	172	32	46	14	14
1981	80	264	30	63	11	3	2	25	.239	86	17	31	7	6

Paul Powell

YEAR	G	AB	R	H	2B	3B	HR	RBI	AVG.	TB	BB	SO	SB	GDP
1971	20	31	7	5	0	0	1	2	.161	8	3	12	0	1

Vic Power

YEAR	G	AB	R	H	2B	3B	HR	RBI	AVG.	TB	BB	SO	SB	GDP
1962	144	611	80	177	28	2	16	63	.290	257	22	35	7	12
1963	138	541	65	146	28	2	10	52	.270	208	22	24	3	15
1964	19	45	6	10	2	0	0	1	.222	12	1	3	0	0

Kirby Puckett

YEAR	G	AB	R	H	2B	3B	HR	RBI	AVG.	TB	BB	SO	SB	GDP
1984	128	557	63	165	12	5	0	31	.296	187	16	69	14	11
1985	161	691	80	199	29	13	4	74	.288	266	41	87	21	9
1986	161	680	119	223	37	6	31	96	.328	365	34	99	20	14
1987	157	624	96	207	32	5	28	99	.332	333	32	91	12	15
1988	158	657	109	234	42	5	24	121	.356	358	23	83	6	17
1989	159	635	75	215	45	4	9	85	.339	295	41	59	11	21
1990	146	551	82	164	40	3	12	80	.298	246	57	73	5	15
1991	152	611	92	195	29	6	15	89	.319	281	31	78	11	27
1992	160	639	104	210	38	4	19	110	.329	313	44	97	17	17
1993	156	622	89	184	39	3	22	89	.296	295	47	93	8	15
1994	108	439	79	139	32	3	20	112	.317	237	28	47	6	11
1995	137	538	83	169	39	0	23	99	.314	277	56	89	3	15

Carlos Pulido

YEAR	G	GS	CG	W	L	SHO	SV	IP	H	R	ER	ERA	HR	BB	SO
1994	19	14	0	3	7	0	0	84.1	87	57	56	5.98	17	40	32

Pat Putnam

YEAR	G	AB	R	H	2B	3B	HR	RBI	AVG.	TB	BB	SO	SB	GDP
1984	14	38	1	3	1	0	0	4	.079	4	4	12	0	0

Frank Quilici

YEAR	G	AB	R	H	2B	3B	HR	RBI	AVG.	TB	BB	SO	SB	GDP
1965	56	149	16	31	5	1	0	7	.208	38	15	33	1	4
1967	23	19	2	2	1	0	0	0	.105	3	3	4	0	1
1968	97	229	22	56	11	4	1	22	.245	78	21	45	0	5
1969	118	144	19	25	3	1	2	12	.174	36	12	22	2	2
1970	111	141	19	32	3	0	2	12	.227	41	15	16	0	6

Tom Quinlan

YEAR	G	AB	R	H	2B	3B	HR	RBI	AVG.	TB	BB	SO	SB	GDP
1996	4	6	0	0	0	0	0	0	.000	0	0	3	0	0

Luis Quinones

YEAR	G	AB	R	H	2B	3B	HR	RBI	AVG.	TB	BB	SO	SB	GDP
1992	3	5	0	1	0	0	0	1	.200	1	0	0	0	0

BRIAN RAABE

YEAR	G	AB	R	H	2B	3B	HR	RBI	AVG.	TB	BB	SO	SB	GDP
1995	6	14	4	3	0	0	0	1	.214	3	1	0	0	0
1996	7	9	0	2	0	0	0	1	.222	2	0	1	0	0

BRAD RADKE

YEAR	G	AB	R	H	2B	3B	HR	RBI	AVG.	TB	BB	SO	SB	GDP
1997	35	3	0	0	0	0	0	0	.000	0	0	0	0	0

YEAR	G	GS	CG	W	L	SHO	SV	IP	H	R	ER	ERA	HR	BB	SO
1995	29	28	2	11	14	1	0	181	195	112	107	5.32	32	47	75
1996	35	35	3	11	16	0	0	232	231	125	115	4.46	40	57	148
1997	35	35	4	20	10	1	0	239.2	238	114	103	3.87	28	48	174

PEDRO RAMOS

YEAR	G	AB	R	H	2B	3B	HR	RBI	AVG.	TB	BB	SO	SB	GDP
1961	37	93	8	16	1	0	3	11	.172	26	2	42	0	1

YEAR	G	GS	CG	W	L	SHO	SV	IP	H	R	ER	ERA	HR	BB	SO
1961	42	34	9	11	20	3	-	264.1	265	134	116	3.95	39	79	174

BOB RANDALL

YEAR	G	AB	R	H	2B	3B	HR	RBI	AVG.	TB	BB	SO	SB	GDP
1976	153	475	55	127	18	4	1	34	.267	156	28	38	3	6
1977	103	306	36	73	13	2	0	22	.239	90	15	25	1	3
1978	119	330	36	89	11	3	0	21	.270	106	24	22	5	7
1979	80	199	25	49	7	0	0	14	.246	56	15	17	2	2
1980	5	15	2	3	1	0	0	0	.200	4	1	0	0	1

PAUL RATLIFF

YEAR	G	AB	R	H	2B	3B	HR	RBI	AVG.	TB	BB	SO	SB	GDP
1963	10	21	2	4	1	0	1	3	.190	8	2	7	0	0
1970	69	149	19	40	7	2	5	22	.268	66	15	51	0	1
1971	21	44	3	7	1	0	2	6	.159	14	4	17	0	0

SHANE RAWLEY

YEAR	G	GS	CG	W	L	SHO	SV	IP	H	R	ER	ERA	HR	BB	SO
1989	27	25	1	5	12	0	0	145	167	89	84	5.21	19	60	68

JEFF REARDON

YEAR	G	GS	CG	W	L	SHO	SV	IP	H	R	ER	ERA	HR	BB	SO
1987	63	0	0	8	8	0	31	80.1	70	41	40	4.48	14	28	83
1988	63	0	0	2	4	0	42	73	68	21	20	2.47	6	15	56
1989	65	0	0	5	4	0	31	73	68	33	33	4.07	8	12	46

JEFF REBOULET

YEAR	G	AB	R	H	2B	3B	HR	RBI	AVG.	TB	BB	SO	SB	GDP
1992	73	137	15	26	7	1	1	16	.190	38	23	26	3	0

PLAYER STATISTICS

Jeff Reboulet (cont.)

YEAR	G	AB	R	H	2B	3B	HR	RBI	AVG.	TB	BB	SO	SB	GDP
1993	109	240	33	62	8	0	1	15	.258	73	35	37	5	6
1994	74	189	28	49	11	1	3	23	.259	71	18	23	0	6
1995	87	216	39	63	11	0	4	23	.292	86	27	34	1	3
1996	107	234	20	52	9	0	0	23	.222	61	25	34	4	10

Pete Redfern

YEAR	G	AB	R	H	2B	3B	HR	RBI	AVG.	TB	BB	SO	SB	GDP
1979	1	0	0	0	0	0	0	0	....	0	0	0	0	0

YEAR	G	GS	CG	W	L	SHO	SV	IP	H	R	ER	ERA	HR	BB	SO
1976	23	23	1	8	8	1	0	118	105	61	46	3.51	6	63	74
1977	30	28	1	6	9	0	0	137.1	164	89	79	5.19	13	66	73
1978	3	2	0	0	2	0	0	9.2	10	12	7	6.30	2	6	4
1979	40	6	0	7	3	0	1	108.1	106	45	42	3.50	8	35	85
1980	32	16	2	7	7	0	2	104.2	117	58	53	4.54	11	33	73
1981	24	23	3	9	8	0	0	141.2	140	70	64	4.06	12	52	77
1982	27	13	2	5	11	0	0	94.1	122	74	69	6.58	16	51	40

Darren Reed

YEAR	G	AB	R	H	2B	3B	HR	RBI	AVG.	TB	BB	SO	SB	GDP
1992	14	33	2	6	2	0	0	4	.182	8	2	11	0	0

Jeff Reed

YEAR	G	AB	R	H	2B	3B	HR	RBI	AVG.	TB	BB	SO	SB	GDP
1984	18	21	3	3	3	0	0	1	.143	6	2	6	0	0
1985	7	10	2	2	0	0	0	0	.200	2	0	3	0	0
1986	68	165	13	39	6	1	2	9	.236	53	16	19	1	2

Rich Reese

YEAR	G	AB	R	H	2B	3B	HR	RBI	AVG.	TB	BB	SO	SB	GDP
1964	10	7	0	0	0	0	0	0	.000	0	0	1	0	1
1965	14	7	0	2	1	0	0	0	.286	3	2	2	0	0
1966	3	2	0	0	0	0	0	0	.000	0	1	2	0	0
1967	95	101	13	25	5	0	4	20	.248	42	8	17	0	1
1968	126	332	40	86	15	2	4	28	.259	117	18	36	3	6
1969	132	419	52	135	24	4	16	69	.322	215	23	57	1	6
1970	153	501	63	131	15	5	10	56	.261	186	48	70	5	7
1971	120	329	40	72	8	3	10	39	.219	116	20	35	7	9
1972	132	197	23	43	3	2	5	26	.218	65	25	27	0	4
1973	22	23	7	4	1	1	1	3	.174	10	6	6	0	0

Rick Renick

YEAR	G	AB	R	H	2B	3B	HR	RBI	AVG.	TB	BB	SO	SB	GDP
1968	42	97	16	21	5	2	3	13	.216	39	9	42	0	2
1969	71	139	21	34	3	0	5	17	.245	52	12	32	0	4
1970	81	179	20	41	8	0	7	25	.229	70	22	29	0	6

RICK RENICK (CONT.)

YEAR	G	AB	R	H	2B	3B	HR	RBI	AVG.	TB	BB	SO	SB	GDP
1971	27	45	4	10	2	0	1	8	.222	15	5	14	0	1
1972	55	93	10	16	2	0	4	8	.172	30	15	25	0	5

TODD RITCHIE

YEAR	G	AB	R	H	2B	3B	HR	RBI	AVG.	TB	BB	SO	SB	GDP
1997	42	2	0	0	0	0	0	0	.000	0	0	1	0	0

YEAR	G	GS	CG	W	L	SHO	SV	IP	H	R	ER	ERA	HR	BB	SO
1997	42	0	0	2	3	0	0	74.2	87	41	38	4.58	11	28	44

BOMBO RIVERA

YEAR	G	AB	R	H	2B	3B	HR	RBI	AVG.	TB	BB	SO	SB	GDP
1978	101	251	35	68	8	2	3	23	.271	89	35	47	5	3
1979	112	263	37	74	13	5	2	31	.281	103	17	40	5	6
1980	44	113	13	25	7	0	3	10	.221	41	4	20	0	4

RICH ROBERTSON

YEAR	G	AB	R	H	2B	3B	HR	RBI	AVG.	TB	BB	SO	SB	GDP
1997	31	5	0	1	0	0	0	0	.200	1	0	2	0	1

YEAR	G	GS	CG	W	L	SHO	SV	IP	H	R	ER	ERA	HR	BB	SO
1995	25	4	1	2	0	0	0	51.2	48	28	22	3.83	4	31	38
1996	36	31	5	7	17	3	0	186.1	197	113	106	5.12	22	116	114
1997	31	26	0	8	12	0	0	147	169	105	93	5.69	19	70	69

FRANK RODRIGUEZ

YEAR	G	AB	R	H	2B	3B	HR	RBI	AVG.	TB	BB	SO	SB	GDP
1997	43	1	0	0	0	0	0	0	.000	0	0	0	0	0

YEAR	G	GS	CG	W	L	SHO	SV	IP	H	R	ER	ERA	HR	BB	SO
1995	16	16	0	5	6	0	0	90.1	93	64	54	5.38	8	47	45
1996	38	33	3	13	14	0	2	206.2	218	129	116	5.05	27	78	110
1997	43	15	0	3	6	0	0	142.1	147	82	73	4.62	12	60	65

VIC RODRIGUEZ

YEAR	G	AB	R	H	2B	3B	HR	RBI	AVG.	TB	BB	SO	SB	GDP
1989	6	11	2	5	2	0	0	0	.455	7	0	1	0	0

GARRY ROGGENBURK

YEAR	G	AB	R	H	2B	3B	HR	RBI	AVG.	TB	BB	SO	SB	GDP
1963	36	7	0	1	0	0	0	0	.143	1	1	2	0	0
1965	12	3	1	0	0	0	0	0	.000	0	1	1	0	0
1966	12	0	0	0	0	0	0	0	....	0	0	0	0	0

YEAR	G	GS	CG	W	L	SHO	SV	IP	H	R	ER	ERA	HR	BB	SO
1963	36	2	0	2	4	0	2	50	47	26	12	2.16	3	22	24

PLAYER STATISTICS

Garry Roggenburk (cont.)

YEAR	G	GS	CG	W	L	SHO	SV	IP	H	R	ER	ERA	HR	BB	SO
1965	12	0	0	1	0	0	0	21	21	10	8	3.43	1	12	6
1966	12	0	0	1	2	0	1	12.1	14	8	8	6.00	4	10	3

Jim Roland

YEAR	G	AB	R	H	2B	3B	HR	RBI	AVG.	TB	BB	SO	SB	GDP
1962	1	0	0	0	0	0	0	0	...	0	0	0	0	0
1963	10	15	1	0	0	0	0	0	.000	0	0	6	0	0
1964	30	27	2	4	0	0	0	0	.148	4	0	11	0	0
1966	1	0	0	0	0	0	0	0	....	0	0	0	0	0
1967	25	3	0	0	0	0	0	0	.000	0	0	1	0	0
1968	29	8	0	0	0	0	0	1	.000	0	1	4	0	0

YEAR	G	GS	CG	W	L	SHO	SV	IP	H	R	ER	ERA	HR	BB	SO
1962	1	0	0	0	0	0	0	2	1	0	0	0.00	0	0	1
1963	10	7	2	4	1	1	0	49	32	17	14	2.57	4	27	34
1964	30	13	1	2	6	0	2	94.1	76	48	43	4.12	12	55	63
1966	1	0	0	0	0	0	0	2	0	0	0	0.00	0	0	1
1967	25	0	0	0	1	0	2	35.2	33	12	12	3.00	3	17	16
1968	28	4	1	4	1	0	0	61.2	55	33	24	3.48	3	24	36

Rich Rollins

YEAR	G	AB	R	H	2B	3B	HR	RBI	AVG.	TB	BB	SO	SB	GDP
1961	13	17	3	5	1	0	0	3	.294	6	2	2	0	0
1962	159	624	96	186	23	5	16	96	.298	267	75	62	3	13
1963	136	531	75	163	23	1	16	61	.307	236	36	59	2	13
1964	148	596	87	161	25	10	12	68	.270	242	53	80	2	12
1965	140	469	59	117	22	1	5	32	.249	156	37	54	4	13
1966	90	269	30	66	7	1	10	40	.245	105	13	34	0	9
1967	109	339	31	83	11	2	6	39	.245	116	27	58	1	10
1968	93	203	14	49	5	0	6	30	.241	72	10	34	3	6

Phil Roof

YEAR	G	AB	R	H	2B	3B	HR	RBI	AVG.	TB	BB	SO	SB	GDP
1971	31	87	6	21	4	0	0	6	.241	25	8	18	0	6
1972	61	146	16	30	11	1	3	12	.205	52	6	27	0	1
1973	47	117	10	23	4	1	1	15	.197	32	13	27	0	4
1974	44	97	10	19	1	0	2	13	.196	26	6	24	0	7
1975	63	126	18	38	2	0	7	21	.302	61	9	28	0	2
1976	18	46	1	10	3	0	0	4	.217	13	2	6	0	1

John Roseboro

YEAR	G	AB	R	H	2B	3B	HR	RBI	AVG.	TB	BB	SO	SB	GDP
1968	135	380	31	82	12	0	8	39	.216	118	46	57	2	7
1969	115	361	33	95	12	0	3	32	.263	116	39	44	5	6

Ted Sadowski

YEAR	G	AB	R	H	2B	3B	HR	RBI	AVG.	TB	BB	SO	SB	GDP
1961	4	6	0	0	0	0	0	0	.000	0	0	2	0	0
1962	19	4	1	2	0	0	0	0	.500	2	0	1	0	0

YEAR	G	GS	CG	W	L	SHO	SV	IP	H	R	ER	ERA	HR	BB	SO
1961	15	1	0	0	2	0	-	33	49	29	25	6.82	6	11	12
1962	19	0	0	1	1	0	0	33	37	19	19	5.03	6	11	15

Mark Salas

YEAR	G	AB	R	H	2B	3B	HR	RBI	AVG.	TB	BB	SO	SB	GDP
1985	120	360	51	108	20	5	9	41	.300	165	18	37	0	7
1986	91	258	28	60	7	4	8	33	.233	99	18	32	3	8
1987	22	45	8	17	2	0	3	9	.378	28	5	6	0	0

Alex Sanchez

YEAR	G	AB	R	H	2B	3B	HR	RBI	AVG.	TB	BB	SO	SB	GDP
1986	8	16	1	2	0	0	0	1	.125	2	1	8	0	2

Ken Sanders

YEAR	G	GS	CG	W	L	SHO	SV	IP	H	R	ER	ERA	HR	BB	SO
1973	27	0	0	2	4	0	8	44.1	53	31	30	6.13	4	21	19

Mo Sanford

YEAR	G	GS	CG	W	L	SHO	SV	IP	H	R	ER	ERA	HR	BB	SO
1995	11	0	0	0	0	0	0	18.2	16	11	11	5.30	7	16	17

Jack Savage

YEAR	G	GS	CG	W	L	SHO	SV	IP	H	R	ER	ERA	HR	BB	SO
1990	17	0	0	0	2	0	1	26	37	26	24	8.31	3	11	12

Mac Scarce

YEAR	G	GS	CG	W	L	SHO	SV	IP	H	R	ER	ERA	HR	BB	SO
1978	17	0	0	1	1	0	0	32	35	19	14	3.94	5	15	17

Dan Schatzeder

YEAR	G	GS	CG	W	L	SHO	SV	IP	H	R	ER	ERA	HR	BB	SO
1987	30	1	0	3	1	0	0	43.2	64	37	31	6.39	8	18	30
1988	10	0	0	0	1	0	0	10.1	8	2	2	1.74	1	5	7

Al Schroll

YEAR	G	AB	R	H	2B	3B	HR	RBI	AVG.	TB	BB	SO	SB	GDP
1961	6	18	3	5	1	0	1	3	.278	9	2	4	0	0

YEAR	G	GS	CG	W	L	SHO	SV	IP	H	R	ER	ERA	HR	BB	SO
1961	11	8	2	4	4	0	-	50	53	36	29	5.22	5	27	24

Ken Schrom

YEAR	G	AB	R	H	2B	3B	HR	RBI	AVG.	TB	BB	SO	SB	GDP
1983	1	0	0	0	0	0	0	0	....	0	0	0	0	0

YEAR	G	GS	CG	W	L	SHO	SV	IP	H	R	ER	ERA	HR	BB	SO
1983	33	28	6	15	8	1	0	196.1	196	92	81	3.71	14	80	80
1984	25	21	3	5	11	0	0	137	156	75	68	4.47	15	41	49
1985	29	26	6	9	12	0	0	160.2	164	95	89	4.99	28	59	74

Ron Schueler

YEAR	G	GS	CG	W	L	SHO	SV	IP	H	R	ER	ERA	HR	BB	SO
1977	52	7	0	8	7	0	3	134.2	131	74	66	4.40	16	61	77

Erik Schullstrom

YEAR	G	GS	CG	W	L	SHO	SV	IP	H	R	ER	ERA	HR	BB	SO
1994	9	0	0	0	0	0	1	13	13	7	4	2.77	0	5	13
1995	37	0	0	0	0	0	0	47	66	36	36	6.89	8	22	21

Dan Serafini

YEAR	G	GS	CG	W	L	SHO	SV	IP	H	R	ER	ERA	HR	BB	SO
1996	1	1	0	0	1	0	0	4.1	7	5	5	10.38	1	2	1
1997	6	4	1	2	1	0	0	26.1	27	11	10	3.42	1	11	15

Gary Serum

YEAR	G	GS	CG	W	L	SHO	SV	IP	H	R	ER	ERA	HR	BB	SO
1977	8	0	0	0	0	0	0	22.2	22	11	11	4.30	4	10	14
1978	34	23	6	9	9	1	1	184.1	188	88	84	4.11	14	44	80
1979	20	5	0	1	3	0	0	64	93	47	47	6.61	10	20	31

John Sevcik

YEAR	G	AB	R	H	2B	3B	HR	RBI	AVG.	TB	BB	SO	SB	GDP
1965	12	16	1	1	1	0	0	0	.063	2	1	5	0	1

Jim Shellenback

YEAR	G	GS	CG	W	L	SHO	SV	IP	H	R	ER	ERA	HR	BB	SO
1977	5	0	0	0	0	0	0	5.2	10	7	5	7.94	1	5	3

Steve Shields

YEAR	G	GS	CG	W	L	SHO	SV	IP	H	R	ER	ERA	HR	BB	SO
1989	11	0	0	0	1	0	0	17.1	28	18	15	7.79	3	6	12

Garland Shifflett

YEAR	G	AB	R	H	2B	3B	HR	RBI	AVG.	TB	BB	SO	SB	GDP
1964	10	4	0	0	0	0	0	0	.000	0	0	2	0	0

YEAR	G	GS	CG	W	L	SHO	SV	IP	H	R	ER	ERA	HR	BB	SO
1964	10	0	0	0	2	0	1	17.2	22	9	9	4.50	1	7	8

PLAYER STATISTICS

Dwight Siebler

YEAR	G	AB	R	H	2B	3B	HR	RBI	AVG.	TB	BB	SO	SB	GDP
1963	7	15	1	2	0	0	0	2	.133	2	1	5	0	0
1964	9	0	0	0	0	0	0	0	...	0	0	0	0	0
1965	7	1	0	0	0	0	0	0	.000	0	0	1	0	0
1966	23	11	0	0	0	0	0	0	.000	0	2	6	0	0
1967	2	0	0	0	0	0	0	0	....	0	0	0	0	0

YEAR	G	GS	CG	W	L	SHO	SV	IP	H	R	ER	ERA	HR	BB	SO
1963	7	5	2	2	1	0	0	38.2	25	13	12	2.77	6	12	22
1964	9	0	0	0	0	0	0	11	10	6	6	4.91	1	6	10
1965	7	1	0	0	0	0	0	15	11	7	7	4.20	2	11	15
1966	23	2	0	2	2	0	1	49.2	47	26	19	3.42	6	14	24
1967	2	0	0	0	0	0	0	3	4	1	1	3.00	0	1	0

Bill Singer

YEAR	G	GS	CG	W	L	SHO	SV	IP	H	R	ER	ERA	HR	BB	SO
1976	26	26	5	9	9	3	0	172	177	88	72	3.77	9	69	63

Roy Smalley

YEAR	G	AB	R	H	2B	3B	HR	RBI	AVG.	TB	BB	SO	SB	GDP
1976	103	384	46	104	16	3	2	36	.271	132	47	79	0	7
1977	150	584	93	135	21	5	6	56	.231	184	74	89	5	12
1978	158	586	80	160	31	3	19	77	.273	254	85	70	2	16
1979	162	621	94	168	28	3	24	95	.271	274	80	80	2	9
1980	133	486	64	135	24	1	12	63	.278	197	65	63	3	15
1981	56	167	24	44	7	1	7	22	.263	74	31	24	0	8
1982	4	13	2	2	1	0	0	0	.154	3	3	4	0	0
1985	129	388	57	100	20	0	12	45	.258	156	60	65	0	8
1986	143	459	59	113	20	4	20	57	.246	201	68	80	1	10
1987	110	309	32	85	16	1	8	34	.275	127	36	52	2	7

John Smiley

YEAR	G	GS	CG	W	L	SHO	SV	IP	H	R	ER	ERA	HR	BB	SO
1992	34	34	5	16	9	2	0	241	205	93	86	3.21	17	65	163

Ray Smith

YEAR	G	AB	R	H	2B	3B	HR	RBI	AVG.	TB	BB	SO	SB	GDP
1981	15	40	4	8	1	0	1	1	.200	12	0	3	0	0
1982	9	23	1	5	0	1	0	1	.217	7	1	3	0	0
1983	59	152	11	34	5	0	0	8	.224	39	10	12	1	4

Roy Smith

YEAR	G	GS	CG	W	L	SHO	SV	IP	H	R	ER	ERA	HR	BB	SO
1986	5	0	0	0	2	0	0	10.1	13	8	8	6.97	1	5	8
1987	7	1	0	1	0	0	0	16.1	20	10	9	4.96	3	6	8
1988	9	4	0	3	0	0	0	37	29	12	11	2.68	3	12	17
1989	32	26	2	10	6	0	1	172.1	180	82	75	3.92	22	51	92
1990	32	23	1	5	10	1	0	153.1	191	91	82	4.81	20	47	87

Mike Smithson

YEAR	G	GS	CG	W	L	SHO	SV	IP	H	R	ER	ERA	HR	BB	SO
1984	36	36	10	15	13	1	0	252	246	113	103	3.68	35	54	144
1985	37	37	8	15	14	3	0	257	264	134	124	4.34	25	78	127
1986	34	33	8	13	14	1	0	198	234	123	105	4.77	26	57	114
1987	21	20	0	4	7	0	0	109	126	76	72	5.94	17	38	53

Jim Snyder

YEAR	G	AB	R	H	2B	3B	HR	RBI	AVG.	TB	BB	SO	SB	GDP
1961	3	5	0	0	0	0	0	0	.000	0	0	1	0	0
1962	12	10	1	1	0	0	0	1	.100	1	0	1	0	0
1964	26	71	3	11	2	0	1	9	.155	16	4	11	0	4

Eric Soderholm

YEAR	G	AB	R	H	2B	3B	HR	RBI	AVG.	TB	BB	SO	SB	GDP
1971	21	64	9	10	4	0	1	4	.156	17	10	17	0	1
1972	93	287	28	54	10	0	13	39	.188	103	19	48	3	6
1973	35	111	22	33	7	2	1	9	.297	47	21	16	1	4
1974	141	464	63	128	18	3	10	51	.276	182	48	68	7	14
1975	117	419	62	120	17	2	11	58	.286	174	53	66	3	14

Rick Sofield

YEAR	G	AB	R	H	2B	3B	HR	RBI	AVG.	TB	BB	SO	SB	GDP
1979	35	93	8	28	5	0	0	12	.301	33	12	27	2	2
1980	131	417	52	103	18	4	9	49	.247	156	24	92	4	3
1981	41	102	9	18	2	0	0	5	.176	20	8	22	3	5

Paul Sorrento

YEAR	G	AB	R	H	2B	3B	HR	RBI	AVG.	TB	BB	SO	SB	GDP
1989	14	21	2	5	0	0	0	1	.238	5	5	4	0	0
1990	41	121	11	25	4	1	5	13	.207	46	12	31	1	3
1991	26	47	6	12	2	0	4	13	.255	26	4	11	0	3

Chris Speier

YEAR	G	AB	R	H	2B	3B	HR	RBI	AVG.	TB	BB	SO	SB	GDP
1984	12	33	2	7	0	0	0	1	.212	7	3	7	0	1

Randy St. Claire

YEAR	G	GS	CG	W	L	SHO	SV	IP	H	R	ER	ERA	HR	BB	SO
1989	14	0	0	1	0	0	1	22.1	19	13	13	5.24	4	10	14

Scott Stahoviak

YEAR	G	AB	R	H	2B	3B	HR	RBI	AVG.	TB	BB	SO	SB	GDP
1993	20	57	1	11	4	0	0	1	.193	15	3	22	0	2
1995	94	263	28	70	19	0	3	23	.266	98	30	61	5	3
1996	130	405	72	115	30	3	13	61	.284	190	59	114	3	9
1997	91	275	33	63	17	0	10	33	.229	110	24	73	5	7

Kevin Stanfield

YEAR	G	GS	CG	W	L	SHO	SV	IP	H	R	ER	ERA	HR	BB	SO
1979	3	0	0	0	0	0	0	3	2	2	2	6.00	0	0	0

Lee Stange

YEAR	G	AB	R	H	2B	3B	HR	RBI	AVG.	TB	BB	SO	SB	GDP
1961	1	1	0	0	0	0	0	0	.000	0	0	1	0	0
1962	44	17	1	1	0	0	0	0	.059	1	1	9	0	0
1963	32	52	3	5	1	0	0	1	.096	6	5	14	0	1
1964	14	25	1	1	0	0	0	2	.040	1	5	14	0	1

YEAR	G	GS	CG	W	L	SHO	SV	IP	H	R	ER	ERA	HR	BB	SO
1961	7	0	0	1	0	0	-	12.1	15	6	4	2.92	1	10	10
1962	44	6	1	4	3	0	3	95	98	57	47	4.45	14	39	70
1963	32	20	7	12	5	2	0	164.2	145	53	48	2.62	21	43	100
1964	14	11	2	3	6	0	0	79.2	78	45	42	4.73	13	19	54

Terry Steinbach

YEAR	G	AB	R	H	2B	3B	HR	RBI	AVG.	TB	BB	SO	SB	GDP
1997	122	447	60	111	27	1	12	54	.248	176	35	106	6	14

Mike Stenhouse

YEAR	G	AB	R	H	2B	3B	HR	RBI	AVG.	TB	BB	SO	SB	GDP
1985	81	179	23	40	5	0	5	21	.223	60	29	18	1	3

Buzz Stephen

YEAR	G	AB	R	H	2B	3B	HR	RBI	AVG.	TB	BB	SO	SB	GDP
1968	2	3	0	0	0	0	0	0	.000	0	0	1	0	0

YEAR	G	GS	CG	W	L	SHO	SV	IP	H	R	ER	ERA	HR	BB	SO
1968	2	2	0	1	1	0	0	11.1	11	7	6	4.91	0	7	4

Dave Stevens

YEAR	G	GS	CG	W	L	SHO	SV	IP	H	R	ER	ERA	HR	BB	SO
1994	24	0	0	5	2	0	0	45	55	35	34	6.80	6	23	24
1995	56	0	0	5	4	0	10	65.2	74	40	37	5.07	14	32	47
1996	49	0	0	3	3	0	11	58	58	31	30	4.66	12	25	29
1997	6	6	0	1	3	0	0	23	41	23	23	9.00	8	17	16

Dick Stigman

YEAR	G	AB	R	H	2B	3B	HR	RBI	AVG.	TB	BB	SO	SB	GDP
1962	40	45	2	2	0	0	0	2	.044	2	2	22	0	1
1963	33	84	4	9	1	0	0	4	.107	10	7	48	0	2
1964	32	69	2	7	2	0	0	0	.101	9	2	34	0	1
1965	33	15	0	2	1	0	0	0	.133	3	0	7	0	0

YEAR	G	GS	CG	W	L	SHO	SV	IP	H	R	ER	ERA	HR	BB	SO
1962	40	15	6	12	5	0	3	142.2	122	60	58	3.66	19	64	116

PLAYER STATISTICS

Dick Stigman (cont.)

YEAR	G	GS	CG	W	L	SHO	SV	IP	H	R	ER	ERA	HR	BB	SO
1963	33	33	15	15	15	3	0	241	210	90	87	3.25	32	81	193
1964	32	29	5	6	15	1	0	190	160	94	85	4.03	31	70	159
1965	33	8	0	4	2	0	4	70	59	34	34	4.37	14	33	70

Chuck Stobbs

YEAR	G	AB	R	H	2B	3B	HR	RBI	AVG.	TB	BB	SO	SB	GDP
1961	6	8	2	3	1	0	0	1	.375	4	1	2	0	0

YEAR	G	GS	CG	W	L	SHO	SV	IP	H	R	ER	ERA	HR	BB	SO
1961	24	3	0	2	3	0	-	44.2	56	37	37	7.46	8	15	17

Les Straker

YEAR	G	GS	CG	W	L	SHO	SV	IP	H	R	ER	ERA	HR	BB	SO
1987	31	26	1	8	10	0	0	154.1	150	79	75	4.37	24	59	76
1988	16	14	1	2	5	1	1	82.2	86	39	36	3.92	8	25	23

Jim Strickland

YEAR	G	AB	R	H	2B	3B	HR	RBI	AVG.	TB	BB	SO	SB	GDP
1971	24	1	0	0	0	0	0	0	.000	0	1	0	0	0
1972	25	3	0	1	0	0	0	2	.333	1	1	2	0	0

YEAR	G	GS	CG	W	L	SHO	SV	IP	H	R	ER	ERA	HR	BB	SO
1971	24	0	0	1	0	0	1	31.1	20	14	5	1.45	2	18	21
1972	25	0	0	3	1	0	3	36	28	16	10	2.50	7	19	30
1973	7	0	0	0	1	0	0	5.1	11	8	7	12.60	0	5	6

Frank Sullivan

YEAR	G	AB	R	H	2B	3B	HR	RBI	AVG.	TB	BB	SO	SB	GDP
1962	21	4	1	0	0	0	0	0	.000	0	1	0	0	1
1963	10	0	0	0	0	0	0	0	....	0	0	0	0	0

YEAR	G	GS	CG	W	L	SHO	SV	IP	H	R	ER	ERA	HR	BB	SO
1962	21	0	0	4	1	0	2	33.1	33	17	12	3.21	3	13	10
1963	10	0	0	0	1	0	1	11	15	7	7	5.73	1	4	2

John Sutton

YEAR	G	GS	CG	W	L	SHO	SV	IP	H	R	ER	ERA	HR	BB	SO
1978	17	0	0	0	0	0	0	44.1	46	19	17	3.48	3	15	18

Greg Swindell

YEAR	G	GS	CG	W	L	SHO	SV	IP	H	R	ER	ERA	HR	BB	SO
1997	65	1	0	7	4	0	1	115.2	102	46	46	3.58	12	25	75

Kevin Tapani

YEAR	G	GS	CG	W	L	SHO	SV	IP	H	R	ER	ERA	HR	BB	SO
1989	5	5	0	2	2	0	0	32.2	34	15	14	3.86	2	8	21

Kevin Tapani (cont.)

YEAR	G	GS	CG	W	L	SHO	SV	IP	H	R	ER	ERA	HR	BB	SO
1990	28	28	1	12	8	1	0	159.1	164	75	72	4.07	12	29	101
1991	34	34	4	16	9	1	0	244	225	84	81	2.99	23	40	135
1992	34	34	4	16	11	1	0	220	226	103	97	3.97	17	48	138
1993	36	35	3	12	15	1	0	225.2	243	123	111	4.43	21	57	150
1994	24	24	4	11	7	1	0	156	181	86	80	4.62	13	39	91
1995	20	20	3	6	11	1	0	133.2	155	79	73	4.92	21	34	88

Jerry Terrell

YEAR	G	AB	R	H	2B	3B	HR	RBI	AVG.	TB	BB	SO	SB	GDP
1973	124	438	43	116	15	2	1	32	.265	138	21	56	13	4
1974	116	229	43	56	4	6	0	19	.245	72	11	27	3	6
1975	108	385	48	110	16	2	1	36	.286	133	19	27	4	12
1976	89	171	29	42	3	1	0	8	.246	47	9	15	11	4
1977	93	214	32	48	6	0	1	20	.224	57	11	21	10	11

Tim Teufel

YEAR	G	AB	R	H	2B	3B	HR	RBI	AVG.	TB	BB	SO	SB	GDP
1983	21	78	11	24	7	1	3	6	.308	42	2	8	0	1
1984	157	568	76	149	30	3	14	61	.262	227	76	73	1	18
1985	138	434	58	113	24	3	10	50	.260	173	48	70	4	14

Bob Tewksbury

YEAR	G	AB	R	H	2B	3B	HR	RBI	AVG.	TB	BB	SO	SB	GDP
1997	26	5	0	1	0	0	0	1	.200	1	0	1	0	0

YEAR	G	GS	CG	W	L	SHO	SV	IP	H	R	ER	ERA	HR	BB	SO
1997	26	26	5	8	13	2	0	168.2	200	83	79	4.22	12	31	92

Greg Thayer

YEAR	G	GS	CG	W	L	SHO	SV	IP	H	R	ER	ERA	HR	BB	SO
1978	20	0	0	1	1	0	0	45	40	19	19	3.80	5	30	30

George Thomas

YEAR	G	AB	R	H	2B	3B	HR	RBI	AVG.	TB	BB	SO	SB	GDP
1971	23	30	4	8	1	0	0	2	.267	9	4	3	0	0

Danny Thompson

YEAR	G	AB	R	H	2B	3B	HR	RBI	AVG.	TB	BB	SO	SB	GDP
1970	96	302	25	66	9	0	0	22	.219	75	7	39	0	6
1971	48	57	10	15	2	0	0	7	.263	17	7	12	0	5
1972	144	573	54	158	22	6	4	48	.276	204	34	57	3	14
1973	99	347	29	78	13	2	1	36	.225	98	16	41	1	11
1974	97	264	25	66	6	1	4	25	.250	86	22	29	1	15
1975	112	355	25	96	11	2	5	37	.270	126	18	30	0	7
1976	34	124	9	29	4	0	0	6	.234	33	3	8	1	1

Paul Thormodsgard

YEAR	G	GS	CG	W	L	SHO	SV	IP	H	R	ER	ERA	HR	BB	SO
1977	37	37	8	11	15	1	0	218	236	122	112	4.62	25	65	94
1978	12	12	1	1	6	0	0	66	81	40	37	5.05	7	17	23
1979	1	0	0	0	0	0	0	1	3	1	1	9.00	1	0	1

Luis Tiant

YEAR	G	AB	R	H	2B	3B	HR	RBI	AVG.	TB	BB	SO	SB	GDP
1970	18	32	7	13	4	0	0	4	.406	17	1	6	1	0

YEAR	G	GS	CG	W	L	SHO	SV	IP	H	R	ER	ERA	HR	BB	SO
1970	18	17	2	7	3	1	0	92.2	84	36	35	3.39	12	41	50

Tom Tischinski

YEAR	G	AB	R	H	2B	3B	HR	RBI	AVG.	TB	BB	SO	SB	GDP
1969	37	47	2	9	0	0	0	2	.191	9	8	8	0	0
1970	24	46	6	9	0	0	1	2	.196	12	9	6	0	1
1971	21	23	0	3	2	0	0	2	.130	5	1	4	0	2

Fred Toliver

YEAR	G	AB	R	H	2B	3B	HR	RBI	AVG.	TB	BB	SO	SB	GDP
1989	1	0	0	0	0	0	0	0	....	0	0	0	0	0

YEAR	G	GS	CG	W	L	SHO	SV	IP	H	R	ER	ERA	HR	BB	SO
1988	21	19	0	7	6	0	0	114.2	116	57	54	4.24	8	52	69
1989	7	5	0	1	3	0	0	29	39	26	25	7.76	2	15	11

Kelvin Torve

YEAR	G	AB	R	H	2B	3B	HR	RBI	AVG.	TB	BB	SO	SB	GDP
1988	12	16	1	3	0	0	1	2	.188	6	1	2	0	0

Cesar Tovar

YEAR	G	AB	R	H	2B	3B	HR	RBI	AVG.	TB	BB	SO	SB	GDP
1965	18	25	3	5	1	0	0	2	.208	6	2	3	2	0
1966	134	465	57	121	19	5	2	41	.260	156	44	50	16	7
1967	164	649	98	173	32	7	6	47	.267	237	46	51	19	8
1968	157	613	89	167	31	6	6	47	.272	228	34	41	35	2
1969	158	535	99	154	25	5	11	52	.288	222	37	37	45	7
1970	161	650	120	195	36	13	10	54	.300	287	52	47	30	9
1971	157	657	94	204	29	3	1	45	.311	242	45	39	18	5
1972	141	548	86	145	20	6	2	31	.265	183	39	39	21	6

YEAR	G	GS	CG	W	L	SHO	SV	IP	H	R	ER	ERA	HR	BB	SO
1968	1	1	0	0	0	0	0	1	0	0	0	0.00	0	1	1

Mike Trombley

YEAR	G	AB	R	H	2B	3B	HR	RBI	AVG.	TB	BB	SO	SB	GDP
1997	67	1	0	0	0	0	0	0	.000	0	0	1	0	0

Mike Trombley (cont.)

YEAR	G	GS	CG	W	L	SHO	SV	IP	H	R	ER	ERA	HR	BB	SO
1992	10	7	0	3	2	0	0	46.1	43	20	17	3.30	5	17	38
1993	44	10	0	6	6	0	2	114.1	131	72	62	4.88	15	41	85
1994	24	0	0	2	0	0	0	48.1	56	36	34	6.33	10	18	32
1995	20	18	0	4	8	0	0	97.2	107	68	61	5.62	18	42	68
1996	43	0	0	5	1	0	6	68.2	61	24	23	3.01	2	25	57
1997	67	0	0	2	3	0	1	82.1	77	43	40	4.37	7	31	74

George Tsamis

YEAR	G	GS	CG	W	L	SHO	SV	IP	H	R	ER	ERA	HR	BB	SO
1993	41	0	0	1	2	0	1	68.1	86	51	47	6.19	9	27	30

Lee Tunnell

YEAR	G	GS	CG	W	L	SHO	SV	IP	H	R	ER	ERA	HR	BB	SO
1989	10	0	0	1	0	0	0	12	18	8	8	6.00	1	6	7

Bill Tuttle

YEAR	G	AB	R	H	2B	3B	HR	RBI	AVG.	TB	BB	SO	SB	GDP
1961	137	370	38	91	12	3	5	38	.246	124	43	41	1	13
1962	110	123	21	26	4	1	1	13	.211	35	19	14	1	4
1963	16	3	0	0	0	0	0	0	.000	0	1	0	0	2

Ted Uhlaender

YEAR	G	AB	R	H	2B	3B	HR	RBI	AVG.	TB	BB	SO	SB	GDP
1965	13	22	1	4	0	0	0	1	.182	4	0	2	1	0
1966	105	367	39	83	12	2	2	22	.226	105	27	33	10	4
1967	133	415	41	107	19	7	6	49	.258	158	13	45	4	4
1968	140	488	52	138	21	5	7	52	.283	190	28	46	16	3
1969	152	554	93	151	18	2	8	62	.273	197	44	52	15	3

Scott Ullger

YEAR	G	AB	R	H	2B	3B	HR	RBI	AVG.	TB	BB	SO	SB	GDP
1983	35	79	8	15	4	0	0	5	.190	19	5	21	0	6

Sandy Valdespino

YEAR	G	AB	R	H	2B	3B	HR	RBI	AVG.	TB	BB	SO	SB	GDP
1965	108	245	38	64	8	2	1	22	.261	79	20	28	7	5
1966	52	108	11	19	1	1	2	9	.176	28	4	24	2	5
1967	99	97	9	16	2	0	1	3	.165	21	5	22	3	1

Jose Valdivielso

YEAR	G	AB	R	H	2B	3B	HR	RBI	AVG.	TB	BB	SO	SB	GDP
1961	76	149	15	29	5	0	1	9	.195	37	8	18	1	6

Javier Valentin

YEAR	G	AB	R	H	2B	3B	HR	RBI	AVG.	TB	BB	SO	SB	GDP
1997	4	7	1	2	0	0	0	0	.286	2	0	3	0	0

PLAYER STATISTICS

Elmer Valo

YEAR	G	AB	R	H	2B	3B	HR	RBI	AVG.	TB	BB	SO	SB	GDP
1961	33	32	0	5	2	0	0	4	.156	7	3	3	0	2

Jesus Vega

YEAR	G	AB	R	H	2B	3B	HR	RBI	AVG.	TB	BB	SO	SB	GDP
1979	4	7	0	0	0	0	0	0	.000	0	0	2	0	0
1980	12	30	3	5	0	0	0	4	.167	5	3	7	1	1
1982	71	199	23	53	6	0	5	29	.266	74	8	19	6	5

John Verhoeven

YEAR	G	GS	CG	W	L	SHO	SV	IP	H	R	ER	ERA	HR	BB	SO
1980	44	0	0	3	4	0	0	99.2	109	53	44	3.96	10	29	42
1981	25	0	0	0	0	0	0	52	57	27	23	3.98	4	14	16

Zoilo Versalles

YEAR	G	AB	R	H	2B	3B	HR	RBI	AVG.	TB	BB	SO	SB	GDP
1961	129	510	65	143	25	5	7	53	.280	199	25	61	16	8
1962	160	568	69	137	18	3	17	67	.241	212	37	71	5	13
1963	159	621	74	162	31	13	10	54	.261	249	33	66	7	11
1964	160	659	94	171	33	10	20	64	.259	284	42	88	14	5
1965	160	666	126	182	45	12	19	77	.273	308	41	122	27	7
1966	137	543	73	135	20	6	7	36	.249	188	40	85	10	11
1967	160	581	63	116	16	7	6	50	.200	164	33	113	5	15

Bob Veselic

YEAR	G	GS	CG	W	L	SHO	SV	IP	H	R	ER	ERA	HR	BB	SO
1980	1	0	0	0	0	0	0	4	3	2	2	4.50	1	1	2
1981	5	0	0	1	1	0	0	22.2	22	8	8	3.13	1	12	13

Frank Viola

YEAR	G	GS	CG	W	L	SHO	SV	IP	H	R	ER	ERA	HR	BB	SO
1982	22	22	3	4	10	1	0	126	152	77	73	5.21	22	38	84
1983	35	34	4	7	15	0	0	210	242	141	128	5.49	34	92	127
1984	35	35	10	18	12	4	0	257.2	225	101	92	3.21	28	73	149
1985	36	36	9	18	14	0	0	250.2	262	136	114	4.09	26	68	135
1986	37	37	7	16	13	1	0	245.2	257	136	123	4.51	37	83	191
1987	36	36	7	17	10	1	0	251.2	230	91	81	2.90	29	66	197
1988	35	35	7	24	7	2	0	255.1	236	80	75	2.64	20	54	193
1989	24	24	7	8	12	1	0	175.2	171	80	74	3.79	17	47	138

Matt Walbeck

YEAR	G	AB	R	H	2B	3B	HR	RBI	AVG.	TB	BB	SO	SB	GDP
1994	97	338	31	69	12	0	5	35	.204	96	17	37	1	7
1995	115	393	40	101	18	1	1	44	.257	124	25	71	3	11
1996	63	215	25	48	10	0	2	24	.223	64	9	34	3	6

TODD WALKER

YEAR	G	AB	R	H	2B	3B	HR	RBI	AVG.	TB	BB	SO	SB	GDP
1996	25	82	8	21	6	0	0	6	.256	27	4	13	2	4
1997	52	156	15	37	7	1	3	16	.237	55	11	30	7	5

CHARLEY WALTERS

YEAR	G	AB	R	H	2B	3B	HR	RBI	AVG.	TB	BB	SO	SB	GDP
1969	6	0	0	0	0	0	0	0	....	0	0	0	0	0

YEAR	G	GS	CG	W	L	SHO	SV	IP	H	R	ER	ERA	HR	BB	SO
1969	6	0	0	0	0	0	0	6.2	6	4	4	5.14	1	3	2

MIKE WALTERS

YEAR	G	GS	CG	W	L	SHO	SV	IP	H	R	ER	ERA	HR	BB	SO
1983	23	0	0	1	1	0	2	59	52	31	27	4.12	4	20	21
1984	23	0	0	0	3	0	2	29	31	14	12	3.72	1	14	10

DANNY WALTON

YEAR	G	AB	R	H	2B	3B	HR	RBI	AVG.	TB	BB	SO	SB	GDP
1973	37	96	13	17	1	1	4	8	.177	32	17	28	0	3
1975	42	63	4	11	2	0	1	8	.175	16	4	18	0	3

GARY WARD

YEAR	G	AB	R	H	2B	3B	HR	RBI	AVG.	TB	BB	SO	SB	GDP
1979	10	14	2	4	0	0	0	1	.286	4	3	3	0	0
1980	13	41	11	19	6	2	1	10	.463	32	3	6	0	0
1981	85	295	42	78	7	6	3	29	.264	106	28	48	5	10
1982	152	570	85	165	33	7	28	91	.289	296	37	105	13	16
1983	157	623	76	173	34	5	19	88	.278	274	44	98	8	24

JAY WARD

YEAR	G	AB	R	H	2B	3B	HR	RBI	AVG.	TB	BB	SO	SB	GDP
1963	9	15	0	1	1	0	0	2	.067	2	1	5	0	0
1964	12	31	4	7	2	0	0	2	.226	9	6	13	0	0

CURT WARDLE

YEAR	G	GS	CG	W	L	SHO	SV	IP	H	R	ER	ERA	HR	BB	SO
1984	2	0	0	0	0	0	0	4	3	2	2	4.50	2	0	5
1985	35	0	0	1	3	0	1	49	49	32	30	5.51	9	28	47

RON WASHINGTON

YEAR	G	AB	R	H	2B	3B	HR	RBI	AVG.	TB	BB	SO	SB	GDP
1981	28	84	8	19	3	1	0	5	.226	24	4	14	4	1
1982	119	451	48	122	17	6	5	39	.271	166	14	79	3	11
1983	99	317	28	78	7	3	4	26	.246	103	22	50	10	7
1984	88	197	25	58	11	5	3	23	.294	88	4	31	1	4
1985	70	135	24	37	6	4	1	14	.274	54	8	15	5	3
1986	48	74	15	19	3	0	4	11	.257	34	3	21	1	0

Scott Watkins

YEAR	G	GS	CG	W	L	SHO	SV	IP	H	R	ER	ERA	HR	BB	SO
1995	27	0	0	0	0	0	0	21.2	22	14	13	5.40	2	11	11

Gary Wayne

YEAR	G	GS	CG	W	L	SHO	SV	IP	H	R	ER	ERA	HR	BB	SO
1989	60	0	0	3	4	0	1	71	55	28	26	3.30	4	36	41
1990	38	0	0	1	1	0	1	38.2	38	19	18	4.19	5	13	28
1991	8	0	0	1	0	0	1	12.1	11	7	7	5.11	1	4	7
1992	41	0	0	3	3	0	0	48	46	18	14	2.63	2	19	29

Lenny Webster

YEAR	G	AB	R	H	2B	3B	HR	RBI	AVG.	TB	BB	SO	SB	GDP
1989	14	20	3	6	2	0	0	1	.300	8	3	2	0	0
1990	2	6	1	2	1	0	0	0	.333	3	1	1	0	0
1991	18	34	7	10	1	0	3	8	.294	20	6	10	0	2
1992	53	118	10	33	10	1	1	13	.280	48	9	11	0	3
1993	49	106	14	21	2	0	1	8	.198	26	11	8	1	1

Boomer Wells

YEAR	G	AB	R	H	2B	3B	HR	RBI	AVG.	TB	BB	SO	SB	GDP
1982	15	54	5	11	1	2	0	3	.204	16	1	8	0	0

Vic Wertz

YEAR	G	AB	R	H	2B	3B	HR	RBI	AVG.	TB	BB	SO	SB	GDP
1963	35	44	3	6	0	0	3	7	.136	15	6	5	0	1

David West

YEAR	G	GS	CG	W	L	SHO	SV	IP	H	R	ER	ERA	HR	BB	SO
1989	10	5	0	3	2	0	0	39.1	48	29	28	6.41	5	19	31
1990	29	27	2	7	9	0	0	146.1	142	88	83	5.1	21	78	92
1991	15	12	0	4	4	0	0	71.1	66	37	36	4.54	13	28	52
1992	9	3	0	1	3	0	0	28.1	32	24	22	6.99	3	20	19

Pete Whisenant

YEAR	G	AB	R	H	2B	3B	HR	RBI	AVG.	TB	BB	SO	SB	GDP
1961	10	6	1	0	0	0	0	0	.000	0	1	2	0	0

Bill Whitby

YEAR	G	AB	R	H	2B	3B	HR	RBI	AVG.	TB	BB	SO	SB	GDP
1964	4	1	0	0	0	0	0	0	.000	0	0	1	0	0

YEAR	G	GS	CG	W	L	SHO	SV	IP	H	R	ER	ERA	HR	BB	SO
1964	4	0	0	0	0	0	0	6.1	8	6	6	9.00	3	1	2

Len Whitehouse

YEAR	G	GS	CG	W	L	SHO	SV	IP	H	R	ER	ERA	HR	BB	SO
1983	60	0	0	7	1	0	2	73.2	70	34	34	4.15	6	44	44

Len Whitehouse (cont.)

YEAR	G	GS	CG	W	L	SHO	SV	IP	H	R	ER	ERA	HR	BB	SO
1984	30	0	0	2	2	0	1	31.1	29	11	11	3.16	3	17	18
1985	5	0	0	0	0	0	1	7.1	12	9	9	11.05	4	2	4

Mark Wiley

YEAR	G	GS	CG	W	L	SHO	SV	IP	H	R	ER	ERA	HR	BB	SO
1975	15	3	1	1	3	0	2	38.2	50	30	26	6.00	4	13	15

Rob Wilfong

YEAR	G	AB	R	H	2B	3B	HR	RBI	AVG.	TB	BB	SO	SB	GDP
1977	73	171	22	42	1	1	1	13	.246	48	17	26	10	1
1978	92	199	23	53	8	0	1	11	.266	64	19	27	8	1
1979	140	419	71	131	22	6	9	59	.313	192	29	54	11	2
1980	131	416	55	103	16	5	8	45	.248	153	34	61	10	8
1981	93	305	32	75	11	3	3	19	.246	101	29	43	2	1
1982	25	81	7	13	1	0	0	5	.160	14	7	13	0	4

Al Williams

YEAR	G	GS	CG	W	L	SHO	SV	IP	H	R	ER	ERA	HR	BB	SO
1980	18	9	3	6	2	0	1	77	73	33	30	3.51	9	30	35
1981	23	22	4	6	10	0	0	150	160	72	68	4.08	11	52	76
1982	26	26	3	9	7	0	0	153.2	166	74	72	4.22	18	55	61
1983	36	29	4	11	14	1	1	193.1	196	105	89	4.14	21	68	68
1984	17	11	1	3	5	0	0	68.2	75	46	44	5.77	9	22	22

Don Williams

YEAR	G	AB	R	H	2B	3B	HR	RBI	AVG.	TB	BB	SO	SB	GDP
1963	3	0	0	0	0	0	0	0	....	0	0	0	0	0

YEAR	G	GS	CG	W	L	SHO	SV	IP	H	R	ER	ERA	HR	BB	SO
1963	3	0	0	0	0	0	0	4.1	8	5	5	11.25	1	6	2

Stan Williams

YEAR	G	AB	R	H	2B	3B	HR	RBI	AVG.	TB	BB	SO	SB	GDP
1970	68	19	0	0	0	0	0	0	.000	0	0	13	0	0
1971	46	10	1	0	0	0	0	0	.000	0	1	8	0	0

YEAR	G	GS	CG	W	L	SHO	SV	IP	H	R	ER	ERA	HR	BB	SO
1970	68	0	0	10	1	0	15	113.1	85	34	25	1.99	8	32	76
1971	46	1	0	4	5	0	4	78	63	44	36	4.15	7	44	47

Carl Willis

YEAR	G	GS	CG	W	L	SHO	SV	IP	H	R	ER	ERA	HR	BB	SO
1991	40	0	0	8	3	0	2	89	76	31	26	2.63	4	19	53
1992	59	0	0	7	3	0	1	79.1	73	25	24	2.72	4	11	45
1993	53	0	0	3	0	0	5	58	56	23	20	3.10	2	17	44
1994	49	0	0	2	4	0	3	59.1	89	48	39	5.92	6	12	37
1995	3	0	0	0	0	0	0	0.2	5	7	7	94.50	0	5	0

PLAYER STATISTICS

Tack Wilson

YEAR	G	AB	R	H	2B	3B	HR	RBI	AVG.	TB	BB	SO	SB	GDP
1983	5	4	4	1	1	0	0	1	.250	2	0	0	0	0

Dave Winfield

YEAR	G	AB	R	H	2B	3B	HR	RBI	AVG.	TB	BB	SO	SB	GDP
1993	143	547	72	148	27	2	21	76	.271	242	45	106	2	15
1994	77	294	35	74	15	3	10	43	.252	125	31	51	2	7

Jim Winn

YEAR	G	GS	CG	W	L	SHO	SV	IP	H	R	ER	ERA	HR	BB	SO
1988	9	0	0	1	0	0	0	21	33	15	14	6.00	4	10	9

Larry Wolfe

YEAR	G	AB	R	H	2B	3B	HR	RBI	AVG.	TB	BB	SO	SB	GDP
1977	8	25	3	6	1	0	0	6	.240	7	1	0	0	0
1978	88	235	25	55	10	1	3	25	.234	76	36	27	0	8

Al Woods

YEAR	G	AB	R	H	2B	3B	HR	RBI	AVG.	TB	BB	SO	SB	GDP
1986	23	28	5	9	1	0	2	8	.321	16	3	5	0	0

Dick Woodson

YEAR	G	AB	R	H	2B	3B	HR	RBI	AVG.	TB	BB	SO	SB	GDP
1969	44	27	3	2	0	0	0	0	.074	2	2	16	0	0
1970	21	2	0	0	0	0	0	0	.000	0	0	0	0	0
1972	36	88	4	7	0	0	0	2	.080	7	2	38	0	0

YEAR	G	GS	CG	W	L	SHO	SV	IP	H	R	ER	ERA	HR	BB	SO
1969	44	10	2	7	5	0	1	110.1	99	49	45	3.68	11	49	66
1970	21	0	0	1	2	0	1	30.2	29	18	13	3.77	2	19	22
1972	36	36	9	14	14	3	0	251.2	193	93	76	2.71	19	101	150
1973	23	23	4	10	8	2	0	141.1	137	68	62	3.96	12	68	53
1974	5	4	0	1	1	0	0	27	30	16	13	4.33	5	4	12

Al Worthington

YEAR	G	AB	R	H	2B	3B	HR	RBI	AVG.	TB	BB	SO	SB	GDP
1964	41	16	2	1	0	0	0	0	.063	1	0	2	0	0
1965	62	10	1	1	0	0	0	0	.111	1	2	4	0	0
1966	65	11	2	3	3	0	0	3	.273	6	0	6	0	0
1967	59	8	0	0	0	0	0	0	.000	0	1	5	0	0
1968	54	7	0	0	0	0	0	0	.000	0	0	5	0	0
1969	46	5	0	0	0	0	0	0	.000	0	0	4	0	0

YEAR	G	GS	CG	W	L	SHO	SV	IP	H	R	ER	ERA	HR	BB	SO
1964	41	0	0	5	6	0	14	72.1	47	18	11	1.38	4	28	59
1965	62	0	0	10	7	0	14	80.1	57	25	19	2.14	4	41	59
1966	65	0	0	6	3	0	11	91.1	66	26	25	2.47	6	27	93

AL WORTHINGTON (CONT.)

YEAR	G	GS	CG	W	L	SHO	SV	IP	H	R	ER	ERA	HR	BB	SO
1967	59	0	0	8	9	0	13	92	77	36	29	2.84	6	38	80
1968	54	0	0	4	5	0	17	76.1	67	26	23	2.72	0	32	57
1969	46	0	0	4	1	0	3	61	65	31	31	4.57	7	20	51

BUTCH WYNEGAR

YEAR	G	AB	R	H	2B	3B	HR	RBI	AVG.	TB	BB	SO	SB	GDP
1976	149	534	58	139	21	2	10	69	.260	194	79	63	0	14
1977	144	532	76	139	22	3	10	79	.261	197	68	61	2	11
1978	135	454	36	104	22	1	4	45	.229	140	47	42	1	7
1979	149	504	74	136	20	0	7	57	.270	177	74	36	2	13
1980	146	486	61	124	18	3	5	57	.255	163	63	36	3	9
1981	47	150	11	37	5	0	0	10	.247	42	17	9	0	7
1982	24	86	9	18	4	0	1	8	.209	25	10	12	0	2

RICHARD YETT

YEAR	G	GS	CG	W	L	SHO	SV	IP	H	R	ER	ERA	HR	BB	SO
1985	1	1	0	0	0	0	0	0.1	1	1	1	27.00	0	2	0
1990	4	0	0	0	0	0	0	4.1	6	2	1	2.08	1	1	2

GEOFF ZAHN

YEAR	G	GS	CG	W	L	SHO	SV	IP	H	R	ER	ERA	HR	BB	SO
1977	34	32	7	12	14	1	0	198	234	116	103	4.68	20	66	88
1978	35	35	12	14	14	1	0	252.1	260	101	85	3.04	18	81	106
1979	26	24	4	13	7	0	0	169	181	74	67	3.57	13	41	58
1980	38	35	13	14	18	5	0	232.2	273	138	114	4.40	17	66	96

BILL ZEPP

YEAR	G	AB	R	H	2B	3B	HR	RBI	AVG.	TB	BB	SO	SB	GDP
1969	4	1	0	0	0	0	0	.000	0	0	0	0	0
1970	43	44	3	6	0	0	0	.136	6	1	31	0	0

YEAR	G	GS	CG	W	L	SHO	SV	IP	H	R	ER	ERA	HR	BB	SO
1969	4	0	0	0	0	0	0	5.1	6	7	4	7.20	1	4	2
1970	43	20	1	9	4	1	2	151	154	63	54	3.22	9	51	64

JERRY ZIMMERMAN

YEAR	G	AB	R	H	2B	3B	HR	RBI	AVG.	TB	BB	SO	SB	GDP
1962	34	62	8	17	4	0	0	7	.274	21	3	5	0	1
1963	39	56	3	13	1	0	0	3	.232	14	2	8	0	3
1964	63	120	6	24	3	0	0	12	.200	27	10	15	0	6
1965	83	154	8	33	1	1	1	11	.214	39	12	23	0	6
1966	60	119	11	30	4	1	1	15	.252	39	15	23	0	4
1967	104	234	13	39	3	0	1	12	.167	45	22	49	0	8
1968	24	45	3	5	1	0	0	2	.111	6	3	10	0	0